Heidemarie Brosche | Sabine Thum

99Tipps

Wertschätzen und verstärken
in der Schule

Cornelsen

Heidemarie Brosche ist Hauptschullehrerin und Autorin von Kinder-, Jugend- und Sachbüchern. Sie engagiert sich für die Leseförderung und für ein Schulleben, das von Gelassenheit und gegenseitiger Wertschätzung getragen ist.

Sabine Thum arbeitet als Sonderschullehrerin an einem Förderzentrum mit dem Förderschwerpunkt emotionale und soziale Entwicklung. Sie ist Klassenleiterin in der Oberstufe und war in den letzten zwei Jahren auch in der Lehrerbildung tätig.

Illustration S. 65: Dorina Tessmann, Berlin

Projektleitung: Dorothee Weylandt, Berlin
Redaktion: Marion Clausen, Berlin
Umschlagkonzept: Jule Kienecker, Berlin
Gesamtgestaltung: LemmeDesign, Berlin
Die Reihenkonzeption wurde von Cornelia Colditz und Claudia Kahlenberg im Rahmen eines studentischen Wettbewerbs im Studiengang Verlagsherstellung an der HTWK Leipzig unter Leitung von Julia Walch, Bad Soden, entwickelt.
Satz: Kösel Media GmbH, Krugzell

www.cornelsen.de

1. Auflage 2018

Druck: AZ Druck und Datentechnik GmbH, Kempten

ISBN 978-3-589-15975-8

PEFC zertifiziert
Dieses Produkt stammt aus nachhaltig
bewirtschafteten Wäldern und kontrollierten
Quellen.

PEFC
PEFC/04-31-2260

www.pefc.de

WAS LEHRKRÄFTEN HILFT, LOBEND, VERSTÄRKEND UND BELOHNEND ZU AGIEREN

WIE LOBEN KONKRET UMGESETZT WERDEN KANN

WIE VERSTÄRKEN UND BELOHNEN KONKRET UMGESETZT WERDEN KANN

Was im Jahreslauf genutzt werden kann

Wie eine wertschätzende Atmosphäre in der gesamten Schule entsteht

Wen Lehrkräfte sonst noch loben und wertschätzen können

Wertschätzen, loben, verstärken und belohnen – vier Begriffe, die sich allesamt von der Defizitorientierung abwenden.

Wertschätzen ist dabei eher eine Grundhaltung, die eng mit Respekt, Achtung, Wohlwollen, Anerkennung verbunden ist.

Loben ist eine Rückmeldung und Information, die dann erfolgt, wenn eine Leistung positiv bewertet wird. Diese Rückmeldung und Information wird im Nachhinein gegeben.

Verstärken ist ein Begriff aus der Psychologie, wobei eine positive Konsequenz auf ein Verhalten die Wahrscheinlichkeit erhöht, dass das verstärkte Verhalten in späteren Situationen wieder gezeigt wird.

Belohnen liegt von der Bedeutung her sehr nahe am „Verstärken". Eine Belohnung kann im Nachhinein ausgesprochen werden, sie kann aber auch im Vorfeld angekündigt werden und so die Leistungsbereitschaft erhöhen.

Weil wir der Überzeugung sind, dass es auch uns Lehrkräften leichter fällt, bestimmte Verhaltensweisen zu zeigen, wenn wir von ihrer Wirksamkeit überzeugt sind, haben wir in den ersten zwölf Tipps einige kurze theoretische Erläuterungen eingebaut. Wer diese aufmerksam liest, weiß, weshalb es – aufgrund unterschiedlicher Forschungsergebnisse – sinnvoll ist, auf die vier Verhaltensweisen „wertschätzen, loben, verstärken und belohnen" zu setzen.
Außerdem finden Sie einige Vorschläge, die als Anregung für schriftliche Rückmeldungen gedacht sind und nach Herzenslust abgeändert werden können. Wir haben beide gute Erfahrungen damit gemacht – die eine in ihrer Arbeit als Sonderschullehrerin mit dem Förderschwerpunkt soziale und emotionale Entwicklung, die andere als Mittelschullehrerin, die in den letzten Jahren schwerpunktmäßig mit schwierigen, problembeladenen Schülern zu tun hatte.

Für den Einsatz der Schriftform sprechen aus unserer Sicht drei Hauptgründe:

1. Wertschätzende schriftliche Mitteilungen von uns Lehrkräften an unsere Schüler sind kleine individuelle Botschaften, die den Beziehungsaufbau fördern.
2. Vorlagen mit Satzanfängen und Lücken bringen die Schüler mehr als das rein freie Schreiben dazu, sich zu den entsprechenden Themen Gedanken zu machen und eigenes Handeln und Fühlen zu reflektieren.
3. Schriftlich wiegt mehr als mündlich – gerade in der Schule, wo die Schüler es gewohnt sind, „zugetextet" zu werden und oft auf Durchzug schalten.

Wir hoffen, dass die folgenden 99 Tipps mit viel Praxisbezug, etwas theoretischem „Unterbau" und Anregungen für schriftliche Formen Sie bei Ihrer schulischen Arbeit unterstützen.

Viel Erfolg bei der Umsetzung!

Heidemarie Brosche und Sabine Thum

10 Top-Tipps ... Die Lieblingstipps der Autorinnen!

1 GEZIELT UND BEWUSST LOBEN

Lob als Rückmeldung und Information

Lob ist a) eine Rückmeldung und b) eine Information. Rückmeldung deshalb, weil ein Mensch einem anderen meldet, dass dieser etwas gut bzw. richtig gemacht hat, Information deshalb, weil der Gelobte darüber informiert wird, dass ein anderer Mensch die eigene Leistung besonders positiv bewertet und mit Anerkennung bzw. Bestätigung versieht.

Insgesamt wirkt sich Lob in der Regel so aus, dass die Motivation eines Menschen wächst, wenn er damit rechnen kann, für bestimmte Handlungen und Ergebnisse ein Lob zu erhalten. Natürlich handelt es sich hier nicht um eine intrin-

Extrinsische Motivation

sische (von der Sache her), sondern um eine extrinsische Motivation. Sprich: Der Erfolgsanreiz, d. h. die Aussicht auf ein Lob, das der gelobten Person wichtig ist, steigert die Motivation.

Interesse am Gelobten

Darüber hinaus zeigt Lob im Sinne von positiver Rückmeldung ein Interesse des Lobenden an der Tätigkeit des Gelobten/Schülers, was zur Stärkung der Erfolgszuversicht beim Gelobten führt, sich positiv auf dessen Selbstkonzept auswirkt und seine Selbstwirksamkeit bestätigt.

Im Gegensatz zum Lob steht der Tadel, eine negative Rückmeldung also, die sich negativ auf das Selbstkonzept auswirken und zu Ängstlichkeit führen kann. Der Psychologe Heinz Heckhausen sprach davon, dass Motivation in der Regel von aktuellen Erwartungen, z. B. von Lob, abhängig ist. Diese Erwartungen wiederum entwickeln sich im Zusammenspiel mit überdauernden Informationsverarbeitungen und Über-

Erfolgserwartungen speichern sich im Langzeitgedächtnis

zeugungen. Irgendwann sind dann im Langzeitgedächtnis Erfolgserwartungen für bestimmte Situationen gespeichert.

Achtung!

Nehmen wir als Situation eine sehr leichte Aufgabe, die die ganze Klasse schafft und bei der der Lehrer zu dem einen Schüler sagt: „Das hast du prima gemacht! Sehr schön!", zum anderen: „Ja, die 32 ist die richtige Zahl."

Schüler im Alter unter zehn Jahren glauben, dass der Lehrer den Schüler, den er gelobt hat, für fähiger hält als den nicht gelobten.

Ab ca. 15 Jahren kehrt sich die Wahrnehmung um: Die Schüler denken mehrheitlich, dass der Lehrer den gelobten Schüler für nicht so fähig hält. Für einen älteren Schüler kann Lob also unter bestimmten Bedingungen alles andere als ein erstrebenswertes Ereignis sein.

Um die Ecke gedacht

Lob kann im Gegensatz zur Belohnung und zur Verstärkung nicht in Aussicht gestellt werden, um Verhalten bewusst zu formen. Es wird gegeben als Rückmeldung auf ein Verhalten, das sozial erwünscht und bereits gezeigt worden ist. Voraussetzung, dieses Lob zu erhalten, ist somit, dass der Schüler das Verhalten von sich aus zeigt, so dass man ihn für dieses Verhalten loben kann.

Was ist also mit den Schülern, die sich von selbst leider nicht so verhalten, dass sie gelobt werden können, weil sie dieses sozial erwünschte Verhalten bisher nicht gelernt haben?

Hier greifen Belohnung und Verstärkung (Tipp 2 und 3)!

❯ Tipp 2 und 3

GEZIELT UND BEWUSST BELOHNEN

2

Belohnen: Das ist in etwa gleichbedeutend mit Anerkennung, Auszeichnung, Ehrung und eventuell zusätzlichen Vorteilen: z. B. eine Urkunde bei Sportereignissen, ein Gutschein bei großem sozialem Engagement oder ein Gummibärchen bei erwünschtem Verhalten.

Zusätzliche Vorteile

Im Gegensatz zum Lob (Tipp 1) kann eine Belohnung nicht nur im Nachhinein ausgesprochen, sondern im Vorfeld angekündigt werden und dadurch die Aktivität und Leistungsbereitschaft fördern.

❯ Tipp 1

Eine Belohnung kann spontan erfolgen, z. B. aus Dankbarkeit oder um aktuell gezeigtes positives Verhalten zu „bestärken" – wie beim Finderlohn: Etwas Verlorenes wird zufällig gefunden, der dankbare Empfänger belohnt den Finder.

Belohnung in Aussicht stellen

Aber eine Belohnung kann eben auch in Aussicht gestellt werden, um für ein erwünschtes Verhalten extrinsisch zu motivieren – wie beim Finderlohn: Der Finderlohn wird angekündigt: „Wer ... findet, bekommt ..."

Belohnt werden kann z. B. die erfolgreiche Bearbeitung einer Tagesaufgabe oder die Lektüre eines Buches.

Symbole der Belohnung

Symbole der Belohnung sind Medaillen, Urkunden, Fleißbildchen, „Gut gemacht!"-Stempel usw.

Meist wird bei Sportfesten und Wettbewerben, z. B. beim Vorlesewettbewerb, belohnt. Und so wird klar: Belohnungen haben in der Regel Wettbewerbscharakter, wenn sie von einer bestimmten Leistung abhängig gemacht werden.

In der Psychologie wird die Belohnung „Verstärkung" genannt.

▶ Tipp 53

Wesentlich beim Belohnen ist (Tipp 53), dass ...

- die für die Belohnung geforderte Leistung genau begrenzt und transparent beschrieben wird,
- der Zeitpunkt der Belohnung passend zum Alter des Kindes festgelegt und somit überschaubar ist,
- Belohnung keine Bezahlung ist und somit nicht als selbstverständlich empfunden oder sogar eingefordert wird.

Achtung!

Die Verleihung und Übergabe von Belohnungen mit Wettbewerbscharakter ist pädagogisch nicht unbedenklich. Es gibt ja nur *eine* Goldmedaille, *einen* ersten Platz. Wie geht es den anderen Schülern, die nicht auf Platz 1 sind?

Um die Ecke gedacht

Belohnungen können dazu führen, dass das Kind das erwünschte Verhalten erst einmal „nur" zeigt, um die Belohnung zu erhalten. Im Laufe des pädagogischen Prozesses sollte eine Motivverschiebung stattfinden, so dass das

3 GEZIELT UND BEWUSST VERSTÄRKEN

Verstärken: Das ist das, was man in der Psychologie „Belohnen" nennt. Schon kleine Kinder übernehmen von ihren Bezugspersonen Normen, sie entwickeln eine Art Gewissen
durch den Kontakt zu ihren Bezugspersonen: Die Bezugsperson reagiert negativ im Sinne von „unangenehm" auf ein
unerwünschtes Verhalten des Kindes, sie reagiert positiv,
also „angenehm", auf ein erwünschtes Verhalten. Somit findet
eine Verstärkung des erwünschten Verhaltens statt, weil das
Kind sich mit der Bezugsperson gut verstehen, ja, ihr gefallen
möchte und weil es die Stärkung des Selbstwerts genießt.
Diese Verstärkung von erwünschten Verhaltensweisen des
Kindes in bestimmten Situationen erhöht die Wahrscheinlichkeit, dass das verstärkte Verhalten in späteren Situationen wieder gezeigt wird. (Tipp 8)

> Verstärkung von erwünschtem Verhalten

> Tipp 8

Eine positive Konsequenz auf ein Verhalten wirkt also „ver-
stärkend". Diese positive, angenehme Konsequenz ist somit
der „Verstärker".

Es gibt primäre Verstärker, die mit Bedürfnissen wie Hunger
und Durst verbunden sind, z. B. Verstärkung durch Nüsse,
Obstteller, Gummibärchen, Schokoriegel usw.

> Primäre Verstärker

Und es gibt sekundäre Verstärker wie Lob, Zuwendung und
Anerkennung. In letzterem Fall spielt meist die Person des
Lobenden eine große Rolle, denn Lob, Zuwendung und Anerkennung sind einem Schüler nicht von jeder Person
gleichermaßen wichtig.

> Sekundäre Verstärker

Verstärkersysteme
❯ Tipp 55
Es ist auch der Einsatz von Verstärkersystemen möglich, bei denen die Verstärkung durch ein Symbol (Tipp 55) stattfindet, z. B. einen Prima-Punkt. Dieser Punkt kann dann zu einem bestimmten Zeitpunkt in den tatsächlichen Verstärker eingetauscht werden.

Lernprozesse sind besonders wirksam, wenn in der Anfangsphase kontinuierlich verstärkt wird, d. h. auf jedes gewünschte Verhalten eine Verstärkung erfolgt. Beispiel: Die Schüler arbeiten leise, der Verstärker wird verteilt (z. B. Gummibärchen) bzw. es werden Lob und Anerkennung gegeben.

❯ Tipp 54
Im weiteren Verlauf des „Verstärkungsprozesses" sollte allerdings intermittierend (Tipp 54) verstärkt werden, d. h. in unterschiedlichen Zeitabständen, um die Verstärkung besonders wirksam zu gestalten.

Gleich mal ausprobieren

Um einzelne Schülerinnen und Schüler im gewünschten Verhalten positiv zu verstärken, können Sie passende Kärtchen verteilen, auf denen entsprechende Komplimente stehen. Sie können die Karten mit oder ohne Namen verwenden. Die Kärtchen können gesammelt und eingetauscht werden.

Liebe/r _____ Du hast dich heute auf den Unterricht konzentriert.	Liebe/r _____ Du hast dich gut vorbereitet.
Liebe/r _____ Du hast dich heute oft gemeldet.	Liebe/r _____ Du hast einen wichtigen Beitrag für den Unterricht geleistet.
Du hast gut im Team gearbeitet.	Du warst heute pünktlich.
Du hast dich um saubere Schrift bemüht.	Du hast heute alle Materialien dabei.

> Oder Sie verteilen allgemeine Lob- oder Fleißkarten, die mit
> Namen und Datum versehen werden und sich für weniger
> spezifische Verstärkungen eignen:

Super gemacht!	Tolle Leistung!	Prima Einsatz!

Um die Ecke gedacht

Neben der positiven Verstärkung gibt es die negative Verstärkung. Achtung: Diese darf nicht mit Bestrafung verwechselt werden! Der Schüler tut etwas, um etwas Unangenehmes dadurch zu beenden oder zu vermeiden, z. B. arbeitet er in der Schule fleißig mit, um dafür weniger Hausaufgaben zu bekommen. Das erwünschte Verhalten „Schüler arbeitet fleißig" wird verstärkt durch die Aussicht auf das Wegfallen oder die Reduzierung der Hausaufgabe (= unangenehmer/negativer Reiz).

GEZIELT UND BEWUSST WERTSCHÄTZEN

4

Anerkennung und Wertschätzung zählen zu den Grundbedürfnissen des Menschen. Sie sind Voraussetzung für ein gesundes Selbstwertgefühl. Ohne Anerkennung und Wertschätzung geht es Menschen aber nicht nur seelisch schlechter, sondern sie sind auch weniger leistungsfähig und -bereit. Verschärfend kommt hinzu, dass Kinder und Jugendliche in einem Alter sind, in dem sie besonders empfindlich gegenüber fehlender Wertschätzung und Ab-/Entwertung sind. Sie sind sich ihres eigenen Wertes ja noch nicht sicher.

Auswirkung auf die Leistungsfähigkeit

In der Schule ist Wertschätzung deshalb extrem wichtig, aber leider gerade hier oft wenig spürbar, denn Noten, schriftliche Bemerkungen und mündlicher Tadel zielen nicht immer nur aufs Stärken und auf Ressourcen, sondern fühlen sich für die Kinder und Jugendlichen oft abwertend an.

Wichtig ist, dass sich die Lehrkraft der Bedeutung von Wertschätzung bewusst ist und dass sie sich um eine grundsätzlich wertschätzende Haltung bemüht.

Achtung!

Mit Wertschätzung in der Schule ist kein stetes Loben und Hätscheln gemeint, sondern eine grundsätzliche Haltung von Lehrkräften, mit der sie den Schülern, Eltern und Kollegen Respekt, Achtung, Wohlwollen, Aufmerksamkeit und Interesse entgegenbringen.

Um die Ecke gedacht

Können Sie sich an Dinge erinnern, die sich in Ihrer eigenen Schulzeit ab- oder entwertend angefühlt haben? Versuchen Sie sich die Gefühle von damals in Erinnerung zu rufen. Wollen Sie wirklich selbst bei einem jungen Menschen solche Gefühle auslösen?

Gleich mal ausprobieren

Zeigen Sie doch mal bewusst einem eher schwierigen Schüler Wertschätzung. Schätzen Sie den Wert dessen, was er Ihnen sagt, zeigt oder entgegenbringt. Hören Sie ihm interessiert zu, werfen Sie ihm einen freundlichen Blick zu, sagen Sie ihm etwas Nettes. Wie reagiert er?

5 NICHT MIT MANIPULIEREN VERWECHSELN

Wer Schüler durch Lob, Belohnung, Verstärkung und Wertschätzung zu einem bestimmten Verhalten bewegen möchte, mag manchmal das Gefühl haben, er manipuliere die Schüler. Der Unterschied darf aber nicht übersehen werden: Laut Wörterbuch versteht man unter dem Manipulieren eine gezielte und verdeckte Einflussnahme. Manipulieren umfasst sämtliche Prozesse, die auf eine Steuerung des Erlebens und Verhaltens von Einzelnen und Gruppen zielen, diesen aber verborgen bleiben sollen.

Von der Manipulation eines Menschen spricht man dann, wenn die Annahme eines Angebots nicht zu seinem Vorteil, sondern zu seinem Nachteil führt. Loben, Belohnen, Verstärken und Wertschätzen aber geschieht direkt und offen dem betroffenen Schüler gegenüber. Zu jeder Zeit kann der Schüler entscheiden, ob er Lob, Belohnung, Verstärkung und Wertschätzung annimmt oder ablehnt.

Manipulation führt zum Nachteil

Achtung!

Es schadet nicht, wenn wir Lehrkräfte die Definition von „Manipulieren" und „Manipulation" im Hinterkopf behalten. Denn manchmal ist die Versuchung groß, eben doch nicht ganz so offen zu steuern. Dies ist aber wichtig! Wenn wir miterleben, wie Kollegen manipulieren, sollten wir in kollegialer, wertschätzender Haltung darauf hinweisen.

MORALISCHE ENTWICKLUNGSSTUFEN BERÜCKSICHTIGEN 6

Nach dem Psychologen Lawrence Kohlberg versteht man unter moralischer Entwicklung die Vorgänge der Erziehung, die zur Verinnerlichung von grundlegenden sozialen Normen und Regeln führen. Gerade in der Schule sind Regeln und Normen für ein gelingendes Zusammenleben wichtig, und entscheidend ist, inwieweit die Schüler sie tatsächlich verinnerlicht haben und einhalten. Wenn wir Lehrer darüber Bescheid wissen, wie die Verinnerlichung von Regeln schon seit der frühen Kindheit erlernt wird, schaffen wir es besser, unseren Schülern Regeln zu vermitteln.

Verinnerlichen von Normen und Regeln

Das Wesentliche an einer Regel sollte sein, dass ein Mensch auch dann dieser Regel gemäß handelt, wenn er die Neigung verspürt, sie zu übertreten, und wenn weder eine Überwachung vorhanden noch Sanktionen zu fürchten sind. Kinder kommen jedoch nicht mit einer festen „Moral" auf die Welt, sondern sie entwickeln diese erst. Dies geschieht zum einen, indem sie die Moral von ihren Bezugspersonen, die so zu Rollenvorbildern werden, im Laufe ihres Heranwachsens übernehmen, zum andern aber auch über die direkten Rückmeldungen der Bezugspersonen zu erwünschtem und unerwünschtem Verhalten.

Stufen der moralischen Entwicklung

Um die Entwicklung von Moral zu verstehen, richten wir unser Augenmerk besonders auf die ersten vier der sechs Entwicklungsstufen nach Kohlberg (siehe auch die tabellarische Übersicht unten).

- **Stufe 1:** Für die meisten Kinder unter neun Jahren ist die Motivation für ihr Verhalten eine (bestmögliche) Erfüllung ihrer eigenen Bedürfnisse. Dies beginnt in der Kindheit mit einer Orientierung an „Was ist gut? Was ist schlecht? Was ist richtig? Was ist falsch?". Meist wird dies von den Bezugspersonen (Eltern, Erzieher) vorgegeben. Hier reagiert das Kind sehr stark auf „Belohnung" (Tipp 2) und „Verstärkung" (Tipp 3) durch die Bezugspersonen als direkte Rückmeldung auf das gezeigte Verhalten.

> Tipp 2
> Tipp 3

- **Stufe 2:** Die nächste Entwicklungsstufe der Moral ist verbunden mit der Erkenntnis, dass es durch einen fairen Austausch gerecht zugeht. Hier wird die Wechselbeziehung menschlichen Verhaltens erkannt („Wie du mir, so ich dir." – „Wie man in den Wald hinein ruft, so kommt es zurück."). Auch in dieser moralischen Entwicklungsstufe ist die positive Verstärkung wichtig, sie ist für den Schüler eine Art Leitplanke zur Orientierung. Das Geben und Nehmen zwischen Schüler und Lehrkraft kann so aussehen: Positives Schülerverhalten bringt positive Lehrerrückmeldung, was zur moralischen Entwicklungsstufe und zu den Verständnismöglichkeiten des Schülers passt.

- **Stufe 3:** Die Jugendlichen möchten eine nette Rolle übernehmen („nice girl, good boy"). Sie möchten beliebt und anerkannt sein („Mit der/dem kann man so toll reden."). Sie können sich zuverlässig und loyal verhalten, Regeln einhalten und Erwartungen gerecht werden. Angepasst an diese moralische Entwicklungsstufe zeigen hier andere

Verstärker Wirkung als bei Grundschülern. Es können neben materiellen Verstärkern besonders Lob (Tipp 1) oder Klassenverstärker (Tipp 59) die erwünschte Wirkung zeigen. Auf den Entwicklungsstufen 3 und 4 befinden sich die meisten Jugendlichen und Erwachsenen.

❯ Tipp 1
❯ Tipp 59

■ **Stufe** 4 erlaubt es, dass Pflichten in der Gesellschaft erfüllt werden und die soziale Ordnung aufrechterhalten wird. Auch Erwartungen, die nicht von der Bezugsperson gestellt wurden, werden anerkannt.

Ein Beispiel: In vielen Klassen ist die Polung auf das Alphatier (= Klassenlehrer) so stark ausgeprägt, dass der Laden nur bei ihm gut läuft, im Fachunterricht aber geht es drunter und drüber. Wenn die Stufe 4 erreicht wäre, würde sich die Klasse auch bei Fachlehrern so benehmen wie beim Klassenlehrer. Umgekehrt: Wenn es Unterschiede im Verhalten der Schüler gibt, lohnt es sich, über die Möglichkeiten der Verstärkung nachzudenken.

Entwicklungsstufen nach Kohlberg

Präkonventionelles Niveau (die meisten Kinder unter neun Jahren): *Erfüllung der **eigenen** Bedürfnisse*

Stufe 1	Gehorsam gegenüber Autorität, um „Strafen" zu vermeiden und kein körperliches Leid zu erdulden, keine Moralvorstellung	Wer hat die Macht zur „Bestrafung" und Belohnung? (gut – schlecht, richtig – falsch)
Stufe 2	Gerechter Umgang durch fairen Austausch, Gegenseitigkeit menschlichen Verhaltens wird erkannt	Austauschbeziehung auf dem Markt („Wie du mir, so ich dir.")

▶

Konventionelles Niveau (die meisten Jugendlichen und Erwachsenen): *Empathie, Wichtigkeit der Meinung anderer Personen, aber auch wieder Loslösung von Gruppen*		
Stufe 3	Eine nette Rolle übernehmen, sich zuverlässig und loyal verhalten, Regeln einhalten, Erwartungen gerecht werden	good boy/nice girl
Stufe 4	Pflichten in der Gesellschaft erfüllen, soziale Ordnung aufrecht erhalten	Auch die nicht von der Bezugsperson errichteten Erwartungen werden anerkannt („Recht und Ordnung").
Postkonventionelles Niveau (einige Erwachsene über 20 Jahren)		
Stufe 5	Grundrechte unterstützen, auch wenn sie mit konkreten Regeln und Gesetzen eines gesellschaftlichen Subsystems kollidieren	Moralische Normen werden hinterfragt und nur anerkannt, wenn sie für gut befunden werden. → Nur 25 Prozent aller Menschen erreichen die Stufe!
Stufe 6	Ethische Prinzipien, die die ganze Menschheit beachten sollte, wie der Kategorische Imperativ: „Handle nur nach derjenigen Maxime, durch die du zugleich wollen kannst, dass sie ein allgemeines Gesetz werde." *(Immanuel Kant, Grundlegung zur Metaphysik der Sitten, Akademie-Ausgabe Kant Werke IV, Walter de Gruyter 1968, S. 421, 6)*	Nur 5 Prozent aller Menschen erreichen die Stufe!

Achtung!

Ein Knackpunkt kann sein: Welche Normen und Regeln werden daheim vorgelebt bzw. eingefordert? Inwieweit gelten in anderen Kulturen andere Regeln? Wie präsent sind die Eltern für das Kind? Hier kann die gesellschaftliche Entwicklung mit oft nicht vorhandenen festen Familiengefügen eine negative Rolle spielen. Es ist wesentlich, ob ich als Lehrkraft davon ausgehen kann, dass in der Familie des Schülers dieselben Werte wie in der Schule gelten und eingefordert werden.

Um die Ecke gedacht

„Man muss den Schüler da abholen, wo er steht." Diesen Spruch haben Sie vermutlich schon im Zusammenhang mit unterrichtlichen Inhalten oder im didaktisch-methodischen Kontext gehört. Er passt aber auch zur moralischen Entwicklung von Kindern und Jugendlichen. Vielleicht haben Sie in Ihrer Klasse einen Schüler, der sich „wie ein kleines Kind" benimmt. Wir Lehrer neigen dazu, uns darüber aufzuregen und darüber zu urteilen. Dies bringt aber nichts! Nutzen Sie stattdessen Ihre Chance, die moralische Entwicklung des Schülers mitzuprägen! Holen Sie ihn da ab, wo er steht, indem Sie die zur moralischen Entwicklungsstufe passenden Verstärker (Tipp 53) einsetzen!

❯ Tipp 53

Gleich mal ausprobieren

Die meisten Grundschulkinder, aber auch ältere Schüler, springen entsprechend ihrer moralischen Entwicklungsstufe sehr gut auf Belohnung und Verstärkung an. Diese Erkenntnis kann genutzt werden, indem passende Verstärker/Belohnungen gezielt eingesetzt werden, um dem Kind klar rückzumelden, was „richtig", „gut", „sozial erwünscht", „passend" ist und um auf diese Weise erwünschtes Verhalten entsprechend der moralischen Entwicklungsstufe (Tipp 53 und 55) zu verstärken.

❯ Tipp 53
❯ Tipp 55

7 NEUROBIOLOGISCHE ERKENNTNISSE NÜTZEN

Auf gelingende mitmenschliche Beziehungen gerichtet

Der Mensch ist nach neuen Erkenntnissen der Neurobiologie ein Wesen, dessen zentrale Motivation auf Zuwendung und gelingende mitmenschliche Beziehungen gerichtet ist. Diese Erkenntnis bestätigt sich jeden Tag aufs Neue in der Schule: Die Hauptmotivation, in die Schule zu kommen, ist für die meisten Schüler das Treffen der Freunde und Freundinnen. Vermutlich gibt es auch einige, die die Freude, den Lehrer zu treffen, antreibt. Die Schüler, die um des Schulstoffs willen in die Schule kommen, sind eher nicht so viele. Einige leisten wegen einer familiären Beziehung im Hintergrund ihren Einsatz in der Schule.

Ein Beispiel: Ein Schüler ist seiner Mutter dankbar, weil sie sich alleinerziehend so fürsorglich um die Kinder kümmert, dass er sich als Ziel gesetzt hat, einen guten Abschluss zu machen, um ihr dadurch seine Dankbarkeit zu zeigen.

Bei allen Varianten geht es um die Beziehung zu einer oder mehreren ihnen wichtigen Person/en, die sie motiviert.

Konkret sieht das so aus: Das Motivations- und Belohnungssystem im Mittelhirn ist eng verbunden mit den Gefühlszentren im Gehirn. Wenn das Gehirn ein Ziel wahrnimmt, für das sich ein Aktivwerden lohnt, schüttet es das Motivationshormon Dopamin aus.

Motivationshormon Dopamin wird ausgeschüttet

Und Ziele, die aus Sicht des Gehirns reizvoll genug sind, um dieses Motivationshormon auszuschütten, sind *zwischenmenschliche Anerkennung, Wertschätzung, Zuwendung und das Finden und Geben von Zuneigung*. Das Dopamin versetzt den Körper psychisch und physisch in einen Zustand von Konzentration und Handlungsbereitschaft, es sorgt für den Antrieb und die Energie, sich auf ein Ziel hinzubewegen – also genau das, was wir in der Schule brauchen.

Die Motivationssysteme springen an, wenn z. B. Anerkennung oder Zuwendung durch Loben, Belohnen, Verstärken und Wertschätzen im Spiel sind.

Was die Lehrkraft dafür tun kann

Welche sozialen Anreize kann ich als Lehrkraft bewusst setzen, um bei den Schülern die Ausschüttung des Motivationshormons in Gang zu bringen?

- Der Schlüssel für „motiviertes Beisammensein" in der Schule liegt in der Beziehung, die durch Loben, Belohnen, Verstärken und Wertschätzen mit gestaltet werden kann. Denn bewusst oder unbewusst organisiert jeder Mensch sein Verhalten so, dass die Botenstoffe ausgeschüttet werden, d.h., unser Gehirn sucht bei jeder Gelegenheit Zuwendung und Kooperation.
- Wesentliche Voraussetzung und Grundlage für eine gelingende Beziehungsgestaltung ist das Sehen und Gesehenwerden. Wenn Sie Ihre Schüler loben, belohnen, verstärken und wertschätzen, erfüllen Sie diese Voraussetzung schon. Sie sehen den Schüler und senden ihm durch Ihr Verhalten diese Botschaft. Im Gegenzug nimmt er Ihre Botschaft wahr, indem er sich freut und sein positives Verhalten weiterhin zeigt.

Wichtig: das Sehen und Gesehenwerden

Achtung!

Die Motivationssysteme schalten sich ab, wenn keine Chance auf soziale Zuwendung besteht. Schüler, die nicht zur Schule kommen, haben keinen sozialen Anreiz, der bei ihnen für Motivation sorgt. Das Gehirn erkennt kein reizvolles Ziel und schüttet kein Motivationshormon aus. Oft sind diese Schüler dann während der Schulzeit mit ihrer Clique unterwegs, die wiederum den sozialen Anreiz für die Ausschüttung von Dopamin darstellt. Hierzu gehören auch die Schüler, die sich in den „Cliquen" der virtuellen Welt verlieren, statt in die Schule zu kommen.

Um die Ecke gedacht

Auch wir Lehrer funktionieren so: Unsere Gehirne erkennen attraktive zwischenmenschliche Beziehungen im schulischen Umfeld und schütten daher jeden Tag wieder das Motivationshormon aus. Wir haben in der Schule Mitmenschen um uns herum, die uns täglich die Energie und den Antrieb geben, in die Schule zu kommen. Vielleicht sind es die Schüler, mit denen wir gerne umgehen, vielleicht auch die Kollegen, mit denen wir gerne reden.

Gleich mal ausprobieren

Loben, belohnen, verstärken und wertschätzen Sie gleich bei der nächsten Gelegenheit ganz bewusst in der Schule einen Mitmenschen und fühlen Sie in sich hinein: Spüren Sie die hormonelle Ausschüttung, die sich auch bei Ihnen sehr angenehm anfühlt?

8 LERNTHEORETISCHE ERKENNTNISSE ÜBER KONDITIONIERUNG UMSETZEN

Situative Belohnung begünstigt Wiederholung des Verhaltens

> Tipp 3

B. F. Skinner, ein US-amerikanischer Psychologe und Vertreter des Behaviorismus, wies nach: Die situative Belohnung von Verhalten erhöht die Wahrscheinlichkeit, dass dieses Verhalten in späteren Situationen wieder auftreten wird. (Tipp 3)

Hier spielt der Begriff „Konditionierung" eine Rolle: Beim „operanten Konditionieren" lernt ein Tier/Mensch, einen Reiz mit einer Belohnung oder Bestrafung zu verbinden. Als Folge dieser Konsequenzen ändert er sein Verhalten.

Lernvorgänge durch operante Konditionierung finden übrigens in allen Altersphasen statt und formen das Verhalten bzw. die Verhaltensweisen der Menschen.

Störendes Verhalten umkonditionieren

Die Sichtweise, dass auch unangemessenes bzw. störendes Verhalten über Konditionierung fälschlicherweise erlernt worden ist, eröffnet die Möglichkeit, dieses „Fehlverhalten" über die operante Konditionierung auf das angemessene Verhalten „umzukonditionieren".

Die Erkenntnisse rund um die operante Konditionierung kann sich jeder zunutze machen, der Einfluss auf das Verhalten von Menschen nehmen möchte. Wir Lehrkräfte können in besonderem Maße davon profitieren.

Achtung!

Damit das mit dem Verstärken auch wirklich klappt, sollten wir Unter- und Überforderung sowohl in Bezug auf Leistung als auch in Bezug auf Verhalten vermeiden.

Um die Ecke gedacht

Das Thema Schulverweigerung in Form von Schwänzen war bereits Thema (Tipp 7). Dies kann auch lerntheoretisch betrachtet werden. Eine Erhöhung der Zufriedenheit beim Schulbesuch und damit ein Vermeiden oder ein Stoppen des Schwänzens kann unter anderem erreicht werden, indem man für die Schüler mehr Erfolgserlebnisse schafft und häufiger soziale Verstärker für erfüllte Aufgaben einsetzt.

❯ Tipp 7

Gleich mal ausprobieren

Formulieren Sie für sich ein Problem, das Sie in der Klasse oder bei einem Schüler wahrnehmen. Analysieren Sie es und formulieren Sie konkret das Verhalten, das Sie sich von dem Schüler / der Klasse wünschen. Dann steht einer gezielten Verstärkung nichts mehr im Weg! (Tipp 53) Nach einer gewissen Zeit können Sie überprüfen, ob die Verstärkung gewirkt hat. Wenn ja, dann auf zu neuen Zielen!

❯ Tipp 53

LERNTHEORETISCHE ERKENNTNISSE AUS DEM MODELL-LERNEN UMSETZEN

9

Durch Beobachtung und Nachahmung werden einzelne Verhaltensweisen und Verhaltensketten gelernt, insbesondere von beliebten und erfolgreichen Personen, z. B. eine morgendliche Begrüßung mit „Guten Morgen, wie geht's?" sowie Blickkontakt und Handschlag.
Modelle können Eltern, Geschwister, Freunde, die Peergroup, Lehrer, Mitschüler, Promis sein. Zusätzlich zur Wir-

Lernen durch Beobachtung und Nachahmung

kung dieser Modelle kommen meist noch andere beeinflussende Lernprinzipien zum Einsatz, z. B. Konditionierung

> Tipp 8 (Tipp 8).

Konkret heißt das: Wenn ein Schüler beobachtet, dass eine andere Person auf ihr Verhalten eine positive Rückmeldung aus der Umwelt bekommt – also gelobt, belohnt, verstärkt oder wertgeschätzt wird –, steigt die Wahrscheinlichkeit, dass er eben dieses beobachtete Verhalten selbst ausprobiert.

Zweifaches Modell-Lernen
in der Schule

Modell-Lernen greift in der Schule gleich zweifach: Erstens wirkt der Lehrer als Modell, wenn er wertschätzenden Umgang vorlebt, und zweitens wirkt das gelobte, belohnte, verstärkte, wertgeschätzte erwünschte Verhalten eines Mitschülers als Modell für den Rest der Klasse.

Achtung!

Leider gibt es auch jede Menge negativer Modelle, von denen die Schüler „lernen". Dies kann zu Hause sein, aber auch in den Medien, selbstverständlich auch in der Schule. Hier kann nur Bindung/Beziehung helfen, damit ein Gespräch möglich ist, um gemeinsam über die negativen

> Tipp 7 Modelle zu reflektieren. (Tipp 7)

Um die Ecke gedacht

Bitte achten Sie auf gerechte Behandlung und auf Fingerspitzengefühl beim Loben, Belohnen, Verstärken und Wertschätzen, da sonst der Neid der Mitschüler dafür sorgen wird, dass der gelobte und wertgeschätzte Schüler negative Reaktionen abbekommt. Um diese schmerzenden Rückmeldungen in Zukunft zu vermeiden, wird der eigentlich gelobte Schüler das positive Verhalten dann gerade nicht mehr zeigen.

Gleich mal ausprobieren

Loben, belohnen, verstärken und wertschätzen Sie einen Schüler Ihrer Klasse. Sie werden feststellen, dass das entsprechende Verhalten auch für einige Mitschüler attraktiv wird,

> die Beobachter der Situation waren! Sie werden es bei der nächsten Gelegenheit nachahmen und ausprobieren, wie die Umwelt, in dem Fall Sie, darauf reagieren wird.

BEDÜRFNISSE BEFRIEDIGEN

10

Jeder Mensch hat körperliche Grundbedürfnisse: Essen, Trinken und Schlaf. Sind sie gestillt, fühlen wir uns satt, zufrieden und ausgeruht. Auch ein Bedürfnis nach Sicherheit und Schutz vor Gefahren hat jeder Mensch. Dies umfasst einen festen Wohnsitz ebenso wie Gesundheit.

Gesellschaftlich gesehen, soll dieses Bedürfnis durch Regeln innerhalb der Familie, des Klassenzimmers oder der Schule und durch Gesetze erfüllt werden. Wenn das Bedürfnis nach Sicherheit erfüllt ist, fühlen wir uns geschützt und geborgen. Unerfüllte Bedürfnisse führen zu Angst, Ärger, Sorge, Hilflosigkeit, Kraftlosigkeit oder auch Enttäuschung.

Unerfüllte Bedürfnisse wirken negativ

Umgekehrt führt die Befriedigung der menschlichen Bedürfnisse zu Freude, Ausgeglichenheit, Dankbarkeit, Erleichterung, Interesse und Motivation.

Welche Bedürfnisse gibt es aber noch neben den eben genannten Grundbedürfnissen?

Bedürfnisse jenseits der Grundbedürfnisse kennen

Die folgende Tabelle listet von A bis Z wichtige Bedürfnisse auf; die Liste kann noch ergänzt werden:

Abwechslung	Effektivität	Glück
Aktivität	Ehrlichkeit	Harmonie
Akzeptanz	Einfühlung	Identität
Aufmerksamkeit	Entspannung	Initiative
Ausgewogenheit	Entwicklung	Inspiration
Austausch	Feiern	Integrität
Authentizität	Freude/Spaß	Intensität
Autonomie	Frieden	Kongruenz
Beständigkeit	Geborgenheit	Kontakt
Bewegung	Gemeinschaft	Kraft
Bildung	Gesundheit	Kreativität

Kultur	Schutz	Verantwortung
Lebensfreue	Selbstbestimmung	Verbundenheit
Liebe	Selbstverantwor-	Vergnügen
Menschlichkeit	tung	Verständigung
Mitgefühl	Selbstverwirkli-	Vertrauen
Nähe	chung	Wärme
Natur	Sexualität	Wahrgenommen
Offenheit	Sicherheit	werden
Ordnung	Sinn	Wertschätzung
Originalität	Spiritualität	Zentriertheit
Respekt	Struktur	Zugehörigkeit
Ruhe	Unterstützung	

Befriedigung und Nichtbefriedigung von Bedürfnissen im Kontext Schule

Im Zusammenhang mit der Schule ist zu bedenken: Es fällt einem Schüler sehr schwer, sich auf die schulischen Inhalte zu konzentrieren, wenn seine Grundbedürfnisse nicht gestillt werden, er Hunger oder Durst hat, die Nacht nicht geschlafen hat oder er noch die Schmerzen der Schläge spürt, die er abbekommen oder zwischen den Eltern beobachtet hat.

Aber auch die Nichtbefriedigung der anderen erwähnten Bedürfnisse kann den Schüler so schlauchen, dass er sich möglicherweise nicht mehr auf den Unterricht konzentrieren kann oder will.

Klassenklima so gestalten, dass Schüler- *und* Lehrerbedürfnisse gestillt werden

Nicht zu vergessen sind in diesem Zusammenhang die Bedürfnisse der Lehrkräfte! Das Klassenklima sollte so gestaltet sein, dass sowohl Lehrer als auch Schüler ihre Bedürfnisse stillen können, ohne dass jemand dadurch zu Schaden kommt. Loben, belohnen, verstärken und wertschätzen stillt die genannten Bedürfnisse der Schüler (s. o.), so dass beim Schüler (und Lehrer!) angenehme Gefühle und dadurch auch ein positives Arbeitsklima entstehen. Gleichzeitig leitet die Lehrkraft die Schüler an, sich auf die von ihr vorgegebene Art und Weise im Klassenzimmer einzubringen. So erfüllt sie eigene Bedürfnisse, z. B. nach Ordnung, Ruhe, Struktur oder Entwicklung.

Achtung!

Es kann sich nicht jeder einfach seine Bedürfnisse erfüllen, wie er will! Schüler und sehr wohl auch Lehrer sollten lernen und üben, ihre Bedürfnisse zu erkennen. ALLE BEDÜRFNISSE SIND IN ORDNUNG! Nur die Art und Weise, sie zu erfüllen, darf nicht die Bedürfnisse der Mitmenschen „beschneiden".

Ein Beispiel: Ein Schüler hat am Ende des Tages keine Lust mehr auf Unterricht, er ist erschöpft. Sein Bedürfnis nach Ruhe oder Entlastung bringt ihn dazu, den Unterricht zu stören. Das geht nicht, weil es mit den Bedürfnissen seiner Mitschüler und seiner Lehrkraft, z. B. nach Bildung, Austausch oder Entwicklung und Kreativität, kollidiert. Die Frage ist: Wie kann er sich sein Bedürfnis erfüllen, ohne die der anderen zu stören? Gibt es einen Ruheraum? Gibt es eine Differenzierung für ihn? Gibt es eine Möglichkeit, den Unterricht in dieser Stunde so aufzubauen, dass alle Schüler sozial entlastet werden und dabei noch arbeiten können?

Um die Ecke gedacht

Es gibt übrigens auch ein Bedürfnis nach „Unlustvermeidung" – das wird wohl den einen oder anderen Schüler in der Schule regelmäßig ereilen. Auch hier stellt sich die Frage: Wie kann ich Lob, Belohnung, Verstärkung und Wertschätzung gezielt einsetzen, um die Aufgabe doch wieder attraktiv und verlockend für den Schüler zu machen?

Gleich mal ausprobieren

Wenn Sie Bedürfnisse bei Ihren Schülern erkennen, sprechen Sie sie an. Das allein stellt bereits Nähe her und zeigt Empathie und Verständnis. Es geht nicht darum, dass Sie alle Bedürfnisse der Schüler befriedigen, es geht darum, sinnvolle Lösungen zu entwickeln. Die eine oder andere motivationstechnische Durststrecke lässt sich vielleicht durch attraktive Verstärkung überbrücken.

> Tipp 53

Ein Beispiel: „Ich weiß, dass ihr heute schon viel gearbeitet habt (Lob) und sehe, dass einige jetzt erschöpft sind. Wenn ihr es schafft, diese eine Aufgabe / drei Aufgaben ... noch mit mir zu rechnen, dann bekommt jeder ein Bonbon." (Tipp 53)

BIOGRAPHISCHE HINTERGRÜNDE VERSTEHEN UND WERTSCHÄTZEN

11

Biographien und Prägungen sehen

> Tipp 8, 9

Erworbenes Verhalten, um zu überleben

Wichtig ist es, die unterschiedlichen Biographien der Schüler zu sehen. Sie können z. B. durch die Erziehungsstile der Eltern, den Migrationshintergrund, die erfolgte Scheidung der Eltern, erfahrene Gewalt oder Vernachlässigung geprägt sein.

Genau das Verhalten eines Schülers, durch das er im System Schule aneckt, kann daheim das Verhalten sein, das er sich über Konditionierung oder Modell-Lernen angeeignet hat, um bestmöglich zu „überleben". (Tipp 8 und Tipp 9)

Einer der Klassiker ist das Lügen: Ein Schüler lügt z. B. nach einem Konflikt. Dieses Verhalten ist in der Schule nicht nur unerwünscht, sondern geächtet. Daheim entkommt er aber durch genau dieses Verhalten schon seit Jahren den Schlägen des Vaters. Er hat es sozusagen gelernt, im Konfliktfall zu lügen.

Hier noch ein paar weitere Beispiele:

- Der Umgangston in der Familie kann sehr unfreundlich und abwertend sein, auch ein reiner Befehlston kann üblich sein.
- Beengte und ärmliche Wohnverhältnisse verhindern das erfolgreiche Anfertigen von Hausaufgaben.
- Schlechte finanzielle Verhältnisse erschweren das Abgeben von Kopiergeld oder von Geld für Ausflüge.
- Wenn Konflikte zu Hause gewalttätig gelöst werden, sorgt dies übers Modell-Lernen für entsprechendes Verhalten des Schülers in der Schule.

Je besser wir die Hintergründe unserer Schüler kennen, umso besser können wir ihr gezeigtes Verhalten verstehen und mit den passenden Verstärkern eine Verhaltensveränderung anbahnen, z. B. in Richtung Ehrlichkeit. (Tipp 53 und Tipp 57) ❯ Tipp 53, 57
Vor diesem Hintergrund sollten wir auch Kleinigkeiten schätzen und sie nicht für selbstverständlich halten. Vielleicht ist diese Kleinigkeit für den Schüler eine große Sache, für die er sich angestrengt hat und durch die er gefallen möchte.

Kleinigkeiten schätzen

Achtung!

Niemals vorschnell über den Schüler und sein Verhalten urteilen, sondern immer nach Erklärungen suchen!

Um die Ecke gedacht

Im Beispiel „Lügen" wären die ersten Schritte zur Verhaltensveränderung beim Schüler folgende: Auch wenn der Schüler in einen Konflikt verwickelt war und dazu noch gelogen hat, sollte der Mut zur Ehrlichkeit gelobt, belohnt, verstärkt und wertgeschätzt werden. Voraussetzung, dass der Mut zur Ehrlichkeit vom Schüler aufgebracht werden kann, ist wieder einmal die vertrauensvolle Bindung zwischen Lehrer und Schüler. (Tipp 7 und Tipp 34) ❯ Tipp 7, 34
Noch ein Extremfall: Trigger bei Traumatisierungen werden von uns Lehrern oft betätigt, ohne dass wir uns dessen bewusst sind. Wir merken dann nur, dass plötzlich bei einem Schüler eine heftige und emotionale Reaktion erfolgt, z. B. Eskalation, Weglaufen, in Tränen ausbrechen. Für uns kommt das unerwartet und ist schwer einzuordnen. Der Schüler ist in dieser Situation für die Lehrkraft nicht mehr zu erreichen.

Gleich mal ausprobieren

Nehmen Sie sich immer wieder mal die Zeit, Ihre Schüler durch Gespräche – in der Pause, während des Ausflugs, im Deutsch-/Ethikunterricht – besser kennenzulernen. Vielleicht

finden Sie neue „Puzzleteilchen", die das Gesamtbild einzelner Schüler vollständiger machen.
Eine Möglichkeit sind auch Ferienerzählungen, die den Blick nicht nur auf das „schönste Ferienerlebnis", sondern auf Nebenschauplätze richten.

Sommerferien im Jahr X

Was hast du erlebt?
Darüber kannst du erzählen:

Urlaub, Ausflüge, Besuch, Konzert, Treffen mit Freunden, Kinofilme, Lektüre, Ferienjob, Sport, ungewöhnliche Begegnungen, Erlebnisse mit deiner Familie oder deinen Haustieren und was du sonst noch erzählen möchtest.

ORIENTIERUNG GEBEN

12

Wenn wir davon ausgehen, dass jedes Kind als größten Wunsch funktionierende Beziehungen und Nähe zu den Mitmenschen hat, liegt die Schlussfolgerung nahe, dass das Kind grundsätzlich daran interessiert ist, gut mit den Bezugspersonen auszukommen. Dieses gute Auskommen kann als Grundbedürfnis (Tipp 10) betrachtet werden.

❯ Tipp 10

Durch Loben, Belohnen, Verstärken und Wertschätzen geben die Bezugspersonen dem Kind eine Orientierung. (Tipp 7 und Tipp 34)

❯ Tipp 7
❯ Tipp 34

Was aber bedeutet Orientierung? Wir alle kennen die Orientierung auf Landkarten oder in Räumen. Aber auch in verschiedenen sozialen Kontexten muss man sich jedes Mal neu orientieren, denn in unterschiedlichen Gruppen gelten unterschiedliche Werte, Normen, möglicherweise auch Regeln oder gesellschaftliche Erwartungen. Wenn dann noch Interkulturalität dazukommt, kann das verwirrend für die Schüler werden.

Umso wichtiger ist es, den Schülern transparent, wertschätzend und geduldig zu vermitteln, welche Werte, Regeln und

Erwartungen in der Schule und im Klassenzimmer an sie gestellt werden, damit das Miteinander gut funktioniert. Somit werden auch die Bedürfnisse der Schüler nach Orientierung, Sicherheit und Klarheit gestillt.

Achtung!

Damit durch Loben, Belohnen, Verstärken und Wertschätzen Orientierung gegeben werden kann, muss der Schüler zwischen richtigem und falschem Verhalten unterscheiden können. Es muss für den Schüler klar verständlich formuliert sein, welches Verhalten erwünscht und welches Verhalten unerwünscht ist. Wenn möglich, sollte dies sogar in einer Gegenüberstellung verdeutlicht werden. (Literaturtipp: Margit Weidner, Sozialziele-Katalog. Im Internet unter diesem Stichwort zu finden.)

Um die Ecke gedacht

In gewissen Lebensphasen ist die Befriedigung der Grundbedürfnisse „gut mit der Bezugsperson auskommen" und „Orientierung suchen" weniger zu spüren, weil die Bedürfnisse nach Selbstbestimmung (Trotzphase) oder eigener Identitätsfindung (Pubertät) im Vordergrund stehen. Dies ist völlig normal und sollte der Lehrkraft bewusst sein.

Übrigens brauchen nicht nur Schüler Orientierung, um sich sicher in sozialen Kontexten bewegen zu können. Auch uns Erwachsenen tut eine wertschätzende, klare Anleitung sehr gut, wenn wir uns in neuen Situationen orientieren müssen. Erster Beamer-Einsatz, erster Einsatz im neuen Arbeitsbereich, an der neuen Schule, mit dem neuen Computersystem ... → Wie arbeiten wir Erwachsenen uns am besten und sichersten ein? Und wie gut tut es, wenn wir für unsere vielleicht anfangs noch unsicheren ersten Schritte im neuen Fachbereich gelobt werden?

13

Was ist die Farbe unserer Seele?

Dass auf die Dauer die Seele die Farbe der Gedanken annimmt, hat schon der römische Kaiser Marcus Aurelius so ähnlich formuliert[*]. Diese Botschaft kann uns ein Leben lang begleiten und daran erinnern, wie sehr wir selbst für die Farbe unserer Seele verantwortlich sind.

Manchmal gerät man im Stress in ein Fahrwasser, in das man nie geraten wollte: Man reagiert auf unerwünschtes und unangemessenes Verhalten, indem man den Fokus sowohl für sich selbst als auch für die Schüler auf das negative Verhalten richtet. Und genau das sorgt für Unzufriedenheit! Leider bringt auch ein kollegiales Gespräch nicht unbedingt Besserung, nämlich dann, wenn es eher ein Lamentieren als ein konstruktives Bemühen um Lösungen ist. Tenor: Mit den Schülern wird alles ständig schlimmer! So bleibt die Unzufriedenheit.

Lamentieren wirkt als Quell der Unzufriedenheit

Die Botschaft für die Schüler ist dann meist: Ich bekomme Aufmerksamkeit, wenn ich mich daneben benehme. Oder auch: Was nützt es, wenn ich mich „gut benehme"? Der Lehrer sieht ja doch nur das negative Verhalten, das Positive übersieht er oder betrachtet er als selbstverständlich.

Richtungswechsel jederzeit möglich

Glücklicherweise ist ein Richtungswechsel jederzeit möglich: Wir können uns immer wieder aufs Neue darum bemühen, den Fokus auf die positiven Momente und auf die erwünschten Verhaltensweisen zu richten. Wir können diese loben, belohnen, verstärken und wertschätzen – und haben plötzlich wieder Erfolgserlebnisse, die von uns als Verstärkung empfunden werden und obendrein für eine positive Grundstimmung sorgen.

Bewusste Wertschätzung gegenüber uns selbst

Unser Wohlbefinden können wir aber auch steigern, indem wir Wertschätzung bewusst uns selbst gegenüber einsetzen, z. B. so:

---

[*]   Des Marcus Aurelius Antonius Selbstbetrachtungen. Übersetzt von Albert Wittstock. Verlag Philipp Reclam jun. 1949. Fünftes Buch, Abschnitt 16

- Bei diesem Konflikt heute gelang mir das Deeskalieren wirklich gut!
- Heute habe ich mal besondere Aufmerksamkeit auf die stille Cindy gerichtet und sie ist sichtlich aufgeblüht!
- Heute gelang es mir, den notorischen Störer mit klarer, aber humorvoller Haltung zum Arbeiten zu motivieren.
- Als ich der mürrischen Kollegin heute davon berichtet habe, wie angenehm die Vertretungsstunde in ihrer gut geführten Klasse war, hat sie gestrahlt.

Achtung!

Bitte nicht vorwurfsvoll reagieren auf Fehlverhalten! Professionelle Abgrenzung schützt Sie davor, Sachen auf sich zu beziehen oder auch sich davon stimmungsmäßig „runterziehen" zu lassen. Gehen Sie konstruktiv an unangenehme Situationen heran, Sie können Situationen beeinflussen und verändern! Denken Sie an Ihr Handwerkszeug: loben, belohnen, verstärken, wertschätzen! Ihre positive und zuversichtliche Stimmung wird sich auf die Schüler übertragen.

Gleich mal ausprobieren

Nehmen Sie die Geschichte vom Mann mit den Bohnen (siehe unten) zum Anlass, die schönen Momente Ihres Lebens (und Berufslebens) zu schätzen. Nehmen Sie im Laufe des Tages die positiven Situationen im schulischen Kontext oder die Situationen, in denen gelobt, belohnt, verstärkt oder wertgeschätzt wurde, bewusst wahr, zählen Sie sie richtiggehend und wertschätzen Sie diese gebührend! Wenn Ihnen das schwerfällt, überlegen Sie vorher schon: Was kann für Sie eine positive „Kleinigkeit" in der Schule sein? Was könnte zur Bohne in Ihrer Jackentasche werden?

Der Mann mit den Bohnen

Es war einmal ein Mann, der hatte immer eine Handvoll Bohnen in seiner Jackentasche. Sie sollten ihm helfen, die schönen Momente des Tages bewusster wahrzunehmen. Für alles, was ihn erfreute, für jede positive Begebenheit, die er erlebte, auch für Kleinigkeiten wie ein nettes Gespräch, ein Lachen, das von Herzen kam, ein leckeres Essen, ein Glas Wein, ein angenehmer Schattenplatz – für all dies steckte er eine Bohne von der einen in die andere Tasche seiner Jacke. Manchmal waren es sogar gleichzeitig zwei oder drei Bohnen, die von einer Tasche zur anderen wanderten.

Wenn es Abend war, zählte er: Wie viele Bohnen waren heute zusammengekommen? Diesen Moment kostete er so richtig aus. Wie sehr konnte er sich darüber freuen, dass ihm so viel Schönes an einem einzigen Tag begegnet war!

Für diesen Mann war ein Tag auch dann ein guter, wenn er am Abend nur eine einzige Bohne zählen konnte.

BEWUSSTSEIN FÜR DIE BEDEUTUNG VON ZUWENDUNG ENTWICKELN

14

Die eigene Existenz bemerken und auf diese reagieren

Schülern das Gefühl geben, gesehen zu werden

Menschen brauchen Zuwendung. Ja, sie lechzen geradezu nach dem Beweis, dass andere Menschen ihre Existenz bemerken und darauf reagieren. Fühlen sie sich über längere Zeit nicht wahrgenommen, also ignoriert, spüren sie einen Mangel, der sie seelisch belastet.

Und genau hier wird es für uns Lehrer problematisch: Wie können wir jeden Schüler täglich immer wieder neu „sehen"? Immerhin treten uns unsere Schüler rudelweise gegenüber. Deshalb ist es wichtig, dass wir uns bewusst machen: Jeder einzelne Schüler lechzt nach Zuwendung. Vor allem die stillen, ruhigen und angepassten Schüler sollten wir hierbei im Blick haben, denn sie müssen sehr häufig auf Aufmerksamkeit verzichten, weil laute und fordernde Schüler den Blick auf sich ziehen. Wenn wir klug sind und uns Mühe geben, schenken wir unseren Schülern Zuwendung, ohne dass sie durch Fehlverhalten auf sich aufmerksam machen müssen. Oft aber gelingt uns dies nicht.

Ein erster Schritt zur Besserung ist, wenn wir das Bewusstsein für die Bedeutung der Zuwendung immer im Hinterkopf behalten. (Tipp 25)

❯ Tipp 25
Ein Repertoire für Zuwendung parat haben

Im zweiten Schritt sollten wir ein kleines, aber feines Repertoire an Zuwendungsmöglichkeiten parat haben. Hierzu können wir kleine Gelegenheiten schaffen, bei denen jeder Schüler seinen Auftrag hat bzw. die Gelegenheit, gesehen zu werden.

Und ein dritter Schritt ist die Erkenntnis: Jede Zuwendung ist besser als keine Zuwendung! Aber nicht jede Zuwendung tut dem Schüler gut.

Mit Zuwendung sind nicht nur freundliche Worte und Gesten gemeint, sondern viel mehr. Um dies zu verstehen, ist folgende Unterteilung hilfreich, wobei nicht alle hier aufgeführten Möglichkeiten der Zuwendung vergeben werden sollten! Negative Zuwendung auf eine Person bezogen hat sehr destruktive Folgen für das Selbstbild und Selbstbewusstsein der Person!

Sinnvolle Unterteilung der Zuwendungen

Es gibt
- verbale Zuwendung (Tipp 15),
- nonverbale Zuwendung (Tipp 16),
- positive Zuwendung,
- negative Zuwendung,
- positive Zuwendung in Bezug auf eine Person (Tipp 17),
- negative Zuwendung in Bezug auf eine Person (Tipp 21),
- positive Zuwendung in Bezug auf ein Verhalten oder eine Leistung (Tipp 18),
- negative Zuwendung in Bezug auf ein Verhalten oder eine Leistung,
- Zuwendung mit „Haken" (Tipp 22),
- geheuchelte Zuwendung (Tipp 23).

❯ Tipp 15
❯ Tipp 16

❯ Tipp 17
❯ Tipp 21

❯ Tipp 18

❯ Tipp 22
❯ Tipp 23

Gerade auffällige Schüler sind regelrecht bedürftig nach Zuwendung, denn zu Hause bekommen sie genau diese eher

Gerade auffälligen Schülern Zuwendung schenken

selten. Wer wenig Zeit mit Eltern und Geschwistern verbringt, selbst wenn man sich in derselben Wohnung aufhält, weiß wenig von den anderen und fühlt sich auch wenig wahrgenommen. Eltern, die selbst stark gefordert sind – sei es beruflich, sei es seelisch – geben ihren Kindern eher Zuwendung als Reaktion auf negatives Verhalten als in der Form, sie als Individuen mit ganz bestimmten Wesens- und Eigenarten zu sehen und wertzuschätzen.

Hier ist unsere Chance als Lehrkraft, die ja täglich viele Stunden mit den Schülern verbringt: bewusst jedem einzelnen Schüler das Gefühl zu geben, dass wir ihn sehen, nicht nur notgedrungen als Teil dieser nervigen Klasse, sondern als Mensch, den wir wirklich wahrnehmen, annehmen und wertschätzen.

Achtung!

Zuwendung in Bezug auf ein Verhalten bzw. auf eine Leistung ist für Menschen wichtig, weil nur so ein Verhalten geformt werden kann. Wer dafür gelobt wird, Rücksicht auf andere zu nehmen, und dafür getadelt wird, immer nur an sich zu denken, entwickelt ein anderes Verhalten als jemand, der jedes Mal gelobt wird, wenn er besser als andere ist und wenn er andere ausgetrickst hat.

Um die Ecke gedacht

Wenn es nur Zuwendung gibt, die sich auf eine Person bezieht, führt dies zu Selbstüberschätzung oder zu Selbstablehnung, weil alles nur auf die Person bezogen gesehen wird.

Wenn es nur Zuwendung gibt, die sich auf Verhalten/Leistung bezieht, kann dies zur Annahme führen, der Mensch werde nur über sein Verhalten / seine Leistung definiert.

Gleich mal ausprobieren

Starten Sie einen Versuch: Schenken Sie genau dem Schüler vor oder zu Beginn der Stunde bewusst Zuwendung, der Sie am meisten nervt, oder dem Schüler, der Ihrer Meinung nach

> in der Klasse untergeht, weil er so unauffällig und still ist. Begrüßen Sie ihn mit seinem Namen, lächeln Sie ihn ruhig an, zwinkern Sie ihm kurz zu, machen Sie einen Scherz über etwas, das sich anbietet, würdigen Sie etwas an seinem Äußeren, loben Sie ihn für eine Kleinigkeit ... Vielleicht schaut er sie erst einmal ratlos an. Vermutlich werden Sie später aber positive Folgen spüren.

VERBALE ZUWENDUNG ZEIGEN

15

Verbale Zuwendung muss noch nichts mit Loben und Verstärken zu tun haben. Sie zeigt dem Schüler durch Worte, die die Lehrkraft an ihn richtet, lediglich, dass er von der Lehrkraft als Mensch gesehen und wahrgenommen wird.

In Worten zeigen, dass man den Schüler wahrnimmt

Schule ist ohnehin ein Ort der vielen Worte. Da ist es umso wichtiger, dass einige dieser Worte auch in Form verbaler Zuwendung stattfinden. Manchen Lehrkräften fällt hierzu vermutlich eine Fülle von Möglichkeiten ein, anderen eher weniger. Schüler nehmen es bestimmt nicht übel, wenn gewisse Formulierungen immer wieder verwendet werden, wie z. B. „Guten Morgen, liebe Julia!"

Achtung!

Verbale Zuwendung kann man mit vielen Wörtern, Worten und Sätzen ausdrücken, z. B.:
- „Guten Morgen, Murat!"
- „Du bist heute schon früh da, Markus!"
- „Warst du beim Friseur, Emmy?"
- „Mhm!"
- „Hallo!"
- „Willkommen in der Klasse!"

NONVERBALE ZUWENDUNG ZEIGEN

16

Da wir Lehrer eher dazu neigen, zu viel zu reden, sprich: einen sehr hohen Sprachanteil im Unterricht beanspruchen, ist es gut, wenn wir wissen, dass Zuwendung nicht nur mit Worten gezeigt werden kann.

Es gibt vielerlei Möglichkeiten, einem Schüler zu zeigen, dass man ihn sieht und als Individuum wahrnimmt.

Körpersprache einsetzen

Hierzu können wir uns der Körpersprache bedienen, vor allem der Mimik und Gestik.

Achtung!

Nonverbale Zuwendung können wir Lehrer z. B. so zeigen:
- dem Schüler zunicken,
- ihn anlächeln,
- ihm winken,
- ihm zuzwinkern,
- ihn persönlich, vielleicht sogar mit Handschlag begrü-ßen,
- eine zugewandte Körpersprache verwenden,
- einen offenen, freundlichen Blick zuwerfen,
- auf ein Gesichtsteil zeigen, z. B. auf das Ohr, um dem Schüler zu zeigen, dass es jetzt wichtig ist, gut zuzu-hören,
- in die eigenen Haare fassen und anerkennend schauen, um z. B. zu zeigen, dass wir die neue Frisur wahrgenom-men haben,
- auf ein eigenes Körperteil zeigen, das beim Schüler ver-letzt scheint, und dabei fragend schauen.

POSITIVE ZUWENDUNG IN BEZUG AUF EINE PERSON ZEIGEN

17

Zuwendung ist prinzipiell weder positiv noch negativ. Sie wertet nicht, sie lobt nicht, sie tadelt nicht. Sie zeigt dem Schüler einfach nur, dass er wahrgenommen wird.

Wenn die Zuwendung eine positive Färbung bekommt und sich auf eine bestimmte Person bezieht, spricht man von positiver Zuwendung in Bezug auf eine Person. Mit dieser Methode sollten wir unseren Schülern gegenüber nicht geizen. Wer Zweifel hat, möge sich an ein paar Situationen erinnern, in denen er positive Zuwendung in Bezug auf die eigene Person erfahren hat. Welches Gefühl wurde hervorgerufen? Wie wirkte sich dies auf die Grundstimmung aus? Wie auf die Motivation weiterzuarbeiten?

Nicht geizen!

An eigene Erfahrungen denken!

Achtung!

Positive Zuwendung in Bezug auf eine Person kann in der Schule z. B. so ausgedrückt werden:
- „Schön, dass du da bist!"
- „Guten Morgen, lieber Yusuf!"
- „Ich freue mich, dich zu sehen."
- „Ich freue mich, dass ich dich sehe."
- „Du bist wieder gesund?! Wie schön!"
- „Du hast uns gefehlt."

Gleich mal ausprobieren

Wenn ein Schüler längere Zeit krank ist und dabei ein paar Tests versäumt hat, neigen wir Lehrkräfte dazu, unser Hauptaugenmerk auf das Nachholen des Versäumten zu legen. Dies kann so aussehen: „Aha, du bist endlich wieder da! Du hast Mathe und Englisch verpasst. Morgen schreibst du Mathe nach und übermorgen Englisch!"
Nehmen Sie sich doch einfach mal vor, den nächsten Schüler, der nach ein paar Tagen Kranksein wieder in der Schule erscheint, mit positiver Zuwendung in Bezug auf seine Person zu begrüßen und erst im zweiten Anlauf auf die nachzuholenden Leistungsnachweise zu sprechen zu kommen.

18

Nicht jeden Pups würdigen

Wachsam und sensibel
kleine Fortschritte würdigen

Positive Zuwendung in Bezug auf eine Leistung zu zeigen, ist uns in der Regel vertrauter als nur in Bezug auf eine Person. Die Leistung und ihre Würdigung gehören nun mal zum Geschäft der Lehrer.

Allerdings neigen wir manchmal dazu, mit dieser Zuwendung zu geizen und sie auch den Schülern zukommen zu lassen, deren Leistungen sich nicht im vorderen Drittel befinden. „Soll man jetzt jeden Pups würdigen?", mag sich der eine oder andere kritisch fragen. „Nein, nicht jeden Pups!", lautet die klare Antwort, „aber doch alles, wofür der Schüler sich bemüht hat, egal, was dabei herausgekommen ist." Wir sehen oft nicht, welch – subjektiv – große Anstrengungen die schulischen Anforderungen für einzelne oder auch viele Schüler verursachen, denn wir sehen nur das Ergebnis. Gerade deshalb sollten wir wachsam und sensibel sein und allzeit bereit, auch kleine Fortschritte und Bemühungen positiv zu würdigen.

Achtung!

Positive Zuwendung in Bezug auf ein Verhalten oder eine Leistung kann z. B. so aussehen:
- „Gut gemacht!"
- „Heute schreibst du aber besonders schön!"
- „Ich sehe, dass du dir Mühe gegeben hast!"
- „Respekt, das ist dir wirklich ordentlich gelungen!"
- „Du hast dich jedes Mal gemeldet, wenn du einen Beitrag geleistet hast!"
- Daumen hoch!
- Angedeuteter Applaus

ZUWENDUNG UND WERTSCHÄTZUNG AUCH OHNE „LEISTUNG" ZEIGEN

19

Ja, unser Metier ist die Leistung. Und sei es auch „nur" auf sozialem Terrain: dem anderen helfen, einen Streit schlichten, gut zuhören ... All dies ist Leistung, die ein engagierter Lehrer würdigt. Was aber, wenn gerade keine oder nur eine schlechte Leistung erbracht wurde? Dürfen wir dann überhaupt Zuwendung und Wertschätzung zeigen? Hat der Schüler sie verdient? Wird er nicht verwöhnt, wenn er „für nichts" etwas Positives bekommt?

Ist das Verwöhnen?

Klare Antwort: Nein, wird er nicht! Wir Menschen sind nicht nur auf der Welt, um Leistung zu zeigen. Wir sind darauf angewiesen, in unserem So-Sein akzeptiert zu werden, auch wenn wir gerade rein gar nichts vorzuweisen haben. Für unsere Schüler gilt dies in besonderem Maße: Sie sind jung, verwundbar, tun vielleicht cool, aber lechzen danach, nicht nur für Leistung belohnt zu werden.

Menschen in ihrem So-Sein akzeptieren

Achtung!

Zuwendung und Wertschätzung auch ohne erbrachte Leistung kann man z. B. so zeigen:
- freundlich anlächeln ohne jeden Anlass,
- freundlich grüßen ohne jeden Anlass,
- etwas aufheben, was dem Schüler aus Versehen runtergefallen ist,
- sich einen Stift ausleihen und dafür freundlich danken,
- ein kleines Doping in Form eines zuckerfreien Bonbons spendieren.

BEANSTANDUNGEN WERTSCHÄTZEND FORMULIEREN

20

Soll das tatsächlich richtig sein: einem Schüler auch dann noch Wertschätzung entgegenbringen, wenn es etwas zu meckern gibt, wenn er gar Mist gebaut hat? Oft werden Beanstandungen tatsächlich in Form des Anschnauzens an

den Schüler gebracht. Gesichtsausdruck und Tonfall unfreundlich, laute, genervte Stimme, Körpersprache nicht
selten bedrohlich. Ja, es kann sein, dass man zu diesem Mittel
greifen muss, wenn man einen Schüler „zur Besinnung bringen" muss. Aber dies sollte die absolute Ausnahme sein! Nor-
malerweise können wir sehr wohl wertschätzend mitteilen,
was uns gerade nicht passt, womit wir unzufrieden sind.
Ganz wichtig hierbei:

- Die Beanstandung darf nicht verallgemeinernd wie ein
  Etikett am Schüler kleben, das in seine Persönlichkeit auf-
  genommen wird!
- Die Beanstandung muss dem Schüler einen Anhaltspunkt
  geben, wie er es in Zukunft besser machen kann.

Achtung!

So kann es z. B. aussehen, wenn wir einem Schüler gegenüber wertschätzend Beanstandungen äußern:

- mit Stirnrunzeln,
- Hände in die Hüften stemmen,
- mit einem ernsten und kritischen Blick,
- erhobener Zeigefinger,
- knurren (mit Humor),
- dramatisch die Hände über dem Kopf zusammenschla-
  gen (mit Humor),
- schriftliche Rückmeldung im Schulheft unter einem
  Eintrag oder einer Hausaufgabe,
- Benachrichtigung der Eltern, die für das Kind transpa-
  rent ist und die Eltern respektvoll behandelt.
- „Hier stimmt das Ergebnis noch nicht."
- „Rechne noch mal nach."
- „Dieses Wort wird so geschrieben."
- „Lies noch mal genau."
- „Das Verhalten stört mich."

	Abwertendes Anschnauzen	Wertschätzendes Beanstanden
Der Schüler hat die Hausaufgabe nicht gemacht.	„Schon wieder! Jetzt reicht es aber langsam!"	„Ich stelle fest, dass du in letzter Zeit deine Hausaufgaben unzuverlässig machst. Gibt es Gründe? Falls ja, lass sie mich bitte wissen! Auf jeden Fall muss ich dafür sorgen, dass du das nachholst. Erledige es bitte bis morgen! Falls nicht, musst du es nach der Schule nacharbeiten."
Der Hefteintrag des Schülers sieht schlampig aus.	„Das kannst du gleich noch mal machen." Lehrer streicht alles durch.	„Mal ehrlich: Schön sieht das nicht aus. Oder siehst du das anders? Gibt es Gründe, dass das so geworden ist? Oder hattest du einfach null Bock, dir Mühe zu geben? Das musst du leider noch mal schreiben, denn es ist auch meine Aufgabe, dich zum sauberen Arbeiten zu erziehen. Bitte streich es sauber durch und gib dir beim zweiten Mal mehr Mühe."

NEGATIVE ZUWENDUNG BEZOGEN AUF EINE PERSON VERMEIDEN

21

Egal, welcher Art das Schulsystem, egal, wie die persönliche Befindlichkeit des jeweiligen Lehrers ist – negative Zuwendung bezogen auf eine Person anstatt auf ihr Verhalten oder ihre Leistung ist schädlich! Sie bietet kein Entwicklungspotential, sondern verurteilt und schreibt ab. Wir Lehrer werden als pädagogische Fachkräfte bezahlt. Wir müssen uns auch wie Profis verhalten. Wenn wir merken, dass wir nur noch ablehnend mit einem Schüler umgehen können, müssen wir alles tun, um dies zu beenden. Vielleicht kann der Schüler die Parallelklasse besuchen. Vielleicht kann man sich Hilfe von einer Fachkraft holen. Auf keinen Fall aber darf es so weitergehen! Wie soll ein Schüler ohne sichere Bindung zur Lehrkraft Vertrauen bekommen, wie soll er sich in eine positive Richtung entwickeln?

Nicht abwerten!

Auch wenn auffällige Schüler es geradezu gewohnt sind, abgelehnt zu werden, so tut es auch ihnen immer wieder aufs Neue weh, wenn ihnen Ablehnung entgegenschlägt.

Leider passiert es uns Lehrern im Eifer des Gefechtes dennoch immer wieder, dass wir etwas verbal oder nonverbal von uns geben, was zwar Zuwendung gegenüber dem Schüler ist, sich für diesen aber abwertend anfühlt.

Achtung!

Beispiele für nonverbale negative Zuwendung:
- den Blick abwenden,
- den Körper wegdrehen,
- die Augen verdrehen,
- die Mundwinkel abschätzig nach unten ziehen,
- den Kopf verständnislos schütteln.

Beispiele für verbale negative Zuwendung:
- „Es war sehr angenehm ohne dich!"
- „Wenn ich dich schon sehe ..."
- „Natürlich wieder du!"
- „Dein ewiges Gehampel nervt!"
- „Was soll denn das für eine Frisur sein?!"
- „Du bist wirklich furchtbar!"
- „Du bist eine Nervensäge!"
- „Hör doch bitte mal mit deinen blöden Sprüchen auf!"

An einen Kollegen gerichtet und für den Schüler hörbar:
- „Der ist wirklich furchtbar!"
- „Seine Eltern kümmern sich einfach nicht um ihn."
- „Der ist völlig verlottert."

Weitere Beispiele für negative Zuwendung:
- Nähe meiden,
- aus Gesprächen ausschließen,
- ignorieren,
- Außenseiter-Sitzplatz im Klassenzimmer zuweisen (weit weg).

Zuwendung „mit Haken" vermeiden

22

Allzu leicht kann sich ins Lehrerleben eine Art Zuwendung einschleichen, wie man sie auch aus dem Privatleben kennt: Etwas scheinbar Positives bekommt durch eine Art „Haken" einen unangenehmen Beigeschmack. Leider ist dieser Beigeschmack so stark, dass er von der Zielperson nicht zu übersehen ist. Es mag sein, dass sie nicht klar benennen kann, welche Art Beigeschmack sie spürt, aber dass der Beigeschmack negativ ist, ist klar. Entsprechend fällt dann auch die Reaktion aus – ebenfalls negativ.

Negativer Beigeschmack

Dies müssen wir uns für die Schule immer wieder vor Augen halten. Wir sagen vielleicht zu einer Schulklasse: „Das habt ihr ganz gut gemacht, aber die andere Klasse war viel besser." Und schon schwingt im Positiven das Negative mit. Wir sagen vielleicht: „Für einen ADHSler war dein Verhalten heute in Ordnung." Und werten dabei unterschwellig ab.

Das Negative im Positiven

Gleich mal ausprobieren

Nehmen Sie Abstand von destruktiven Vergleichen! Beispiel: „Du hast heute viel seltener in den Unterricht reingerufen als gestern." Sie wissen, dass es gestern anders war. Der Schüler weiß es auch. Es muss also nicht noch mal extra erwähnt werden, denn es schmälert die Leistung des heutigen Tages durch die Erinnerung an den gestrigen Tag. Es reicht zu sagen: „Du hast dich heute oft gemeldet. Ich freue mich."

Zuwendung nicht heucheln

23

Vermutlich kennen auch Sie Menschen, die so wahnsinnig nett sind und die wir so wahnsinnig nett finden – bis wir dahinterkommen, dass buchstäblich nichts dahinter ist. Wenn es ernst wird, tauchen sie ab, helfen nicht, haben keine Zeit, haben Dinge wiederholt vergessen ... – und das alles fühlt sich gar nicht mehr nett an.

Nichts dahinter?

Die Falle der geheuchelten Zuwendung

Wenn es dumm geht, tappen auch wir Lehrer in die Falle der geheuchelten Zuwendung. Dies nicht zu tun, fällt uns leicht, wenn wir stets – nicht nur in unserer beruflichen Tätigkeit – um Authentizität bemüht sind, sprich: ehrlich auftreten. Wenn wir nett sind, meinen wir es auch so, wenn wir wütend sind, spüren das die anderen, und wenn es uns mal nicht so gut geht, ist das auch nicht zu übersehen.

Im Laufe des Lebens gewöhnen sich viele Menschen aber an, nicht mehr so leicht durchschaubar zu sein, denn sie haben Angst, sich bloßzustellen, sich angreifbar zu machen, Schwäche und echte Gefühle zu zeigen.

Immer wieder bewusst reflektieren

Wer auf diesem Trip ist – und da befindet er sich in zahlreicher Gesellschaft – muss immer wieder bewusst reflektieren. Wenn eine Lehrkraft bei sich selbst bemerkt, dass sie Zuwendung ohne innere Beteiligung verteilt, dass ihr Hauptanliegen ist, es so einfach wie möglich zu haben, gemocht zu werden, keine Angriffsfläche zu bieten, dann muss sie gegensteuern. Denn viele Schüler haben ein feines Gespür für geheuchelte Zuwendung, auch wenn sie zunächst positiv reagieren.

Gleich mal ausprobieren

Ertappen Sie sich selbst manchmal dabei, zu loben, auch wenn es gar nicht so passend ist? Drücken Sie innerlich mal die Pausentaste und betrachten Sie die Situation mit Abstand. – Fühlen Sie sich wohl dabei? Fühlt es sich authentisch an? Zeigt Ihr Gegenüber Reaktionen wie Stolz, Freude oder Wohlbehagen? Oder nicht? Warum nicht?

Vielleicht sind es bestimmte Situationen, in denen Sie loben, obwohl Sie es nicht so meinen. Möglicherweise gibt es eine andere Möglichkeit, die Situation angenehm zu gestalten, anstatt zu loben?

24

Jeder Mensch hat seine eigenen Vorlieben, auch in Bezug auf Zuwendung. Das wissen Erwachsene aus eigenen Beziehungserfahrungen. Der eine Mensch spricht mehr auf körperliche Zuwendung ohne Worte an, der andere lechzt geradezu danach, wertschätzende Worte zu hören. Der berühmte Satz „Du sagst mir nie, dass du mich liebst." drückt dieses Dilemma aus.

Unterschiedliche Vorlieben in Bezug auf Zuwendung

Nun sind aber auch unsere Schüler Menschen mit unterschiedlichen Vorlieben. So kann es passieren, dass die Form der freundlichen Zuwendung, die von Schüler X dankbar angenommen wurde, bei Schüler Y auf negative Resonanz stößt. Wir Lehrer müssen also in Bezug auf die gezeigte Art der Zuwendung sensibel sein und wir dürfen es Schülern nicht übelnehmen, wenn sie nicht so reagieren, wie wir das erwartet hätten.

Unterschiedliche Reaktionen auf Formen von Zuwendung

Es kann sich bei Schülern auch eine Art Filter entwickeln, der nur die Form der Zuwendung durchlässt, die von ihm jeweils bevorzugt wird. Gerade bei positiver Zuwendung kann dies passieren!

Manche Schüler erreicht nur gefilterte Zuwendung

Um die Ecke gedacht

Diesen Filter hat jeder Mensch auch in Bezug auf positive und negative Zuwendung. Es gibt Menschen, die nehmen nur die positive Zuwendung in ihr Selbstbild auf und lehnen negative Rückmeldungen ab. Umgekehrt gibt es eben diese Personen, die nur die negativen Zuwendungen aufnehmen, weil sie sich in das Selbstbild integrieren lassen, das sie von sich aufgebaut haben.

25

Wir Lehrer wissen, dass Zuwendung wichtig ist. Aber wir wissen auch, wie der Unterrichtsalltag aussehen kann. Oft sind wir so beansprucht, dass wir mehr darum kämpfen, unseren Stoff an die Schüler zu bringen, als jedem einzelnen auch noch Zuwendung zu schenken.

Deshalb ist es hilfreich, wenn wir uns darauf vorbereiten, Zuwendung bewusst einzusetzen. Dies entlastet uns davon, ständig im Hinterkopf zu behalten: Zeige ich heute genug Zuwendung?

Was uns dabei helfen kann, sind Rituale, die Zuwendung beinhalten, z. B.

- eine bestimmte Art von morgendlicher Begrüßung,
- eine bestimmte Art, die morgendliche Befindlichkeit der Schüler zu erfahren,
- eine bestimmte Art von Verabschiedung,
- ein Pausenrückblick,
- ein Tagesrückblick …

Natürlich bleiben wir dabei Herr/Frau des Geschehens:

- Wir selbst entscheiden, wann wir Zuwendung geben wollen.
- Jedes Mal, wenn wir wollen, können wir auch Zuwendung geben. Zuwendungsmöglichkeiten gibt es immer.

Achtung!

Wer Zuwendung bekommt, darf sie annehmen, muss es aber nicht tun. Deshalb als Lehrkraft nicht enttäuscht oder sauer reagieren, wenn ein Schüler die gut gemeinte Zuwendung nicht annehmen will oder kann!

Gleich mal ausprobieren

Wir dürfen uns auch selbst Zuwendung geben, z. B. durch Selbstaffirmationen und Selbstkritik. Wenn Sie sich das nächste Mal in Ihrem Lehrersein kläglich fühlen, geben Sie sich doch einfach Zuwendung, indem Sie sich sagen: „Ich meine es gut. Ich bin bereit, es immer wieder aufs Neue zu versuchen. Ich habe einen Beruf gewählt, der mich vor zahlreiche Herausforderungen stellt, und ich wiederum stelle mich diesen Herausforderungen. Es ist völlig normal, dass ich nicht jedes Mal als strahlender Sieger hervorgehe."

26

Ganz wichtig ist es auch, immer wieder die eigene Einstellung zu überprüfen und das eigene Verhalten zu reflektieren. Sind die folgenden Gedanken so etwas wie Glaubenssätze für uns?

Eigene Einstellung
reflektieren

- Nichts gesagt ist genug gelobt!
- Nicht geschimpft ist genug gelobt!

Sehen wir also viele Sachen als selbstverständlich an und finden sie nicht weiter erwähnens- oder gar lobenswert?
Falls ja, ein kleiner Denk- und Fühlanstoß: Wie geht es uns selbst damit, wenn die eigene Arbeit, der eigene Einsatz für selbstverständlich und nicht weiter erwähnenswert befunden wird?
Wäre es nicht sinnvoll, auch die „kleinen Dinge des Alltags" wertvoll zu finden? Ist es nicht schön – für junge wie für ältere Menschen –, immer mal wieder erwähnt und geschätzt zu werden?

Gleich mal ausprobieren

Würdigen Sie eine gelungene Kleinigkeit ganz bewusst bei einem Schüler oder Kollegen! Wie reagiert Ihr Gegenüber? Wie geht es Ihnen mit dieser Art der Kommunikation?

27

Erinnern Sie sich an eigene Erfahrungen:

- Was hat mir in meiner eigenen Schulzeit gut getan?
- Was hat mich motiviert, alles zu geben, meine Aufgaben gewissenhaft zu erledigen, Hausaufgaben zu machen?
- Welche Lehrer habe ich als besonders angenehm und nett in Erinnerung?

Was hat gut getan?

Vielleicht auch umgekehrt:

- Was war mir unangenehm, hat mich gar beschämt oder gehemmt?

Was war unangenehm?

- Welche negativen Gefühle wurden durch Lehrerverhalten ausgelöst?

Auch Erfahrungen in der eigenen Familie sind wertvoll:
- Was habe ich bei meinen Geschwistern, Neffen, Nichten, eigenen Kindern miterlebt?
- Welche Gefühle von Dankbarkeit, Freude und Wertschätzung habe ich geteilt?
- Welche Gefühle von Angst und Hilflosigkeit sind mir begegnet?

Um die Ecke gedacht

Denken Sie doch auch jetzt im Erwachsenenleben bzw. Lehrerdasein: Was motiviert mich bei der Arbeit? Was bringt mich dazu, das Schulleben aktiv mitzugestalten und vielleicht auch Zusatzaufgaben zu übernehmen? Vielleicht ist die Antwort sehr wertvoll für Ihren Umgang mit den Schülern.

DIE PERSPEKTIVE WECHSELN UND SICH UM EMPATHIE BEMÜHEN

28

Schüler folgen unterschiedlicher Motivation bei ihrem Schulbesuch

Wir wissen es: Die Schüler zieht es aus den verschiedensten Gründen in die Schule: Bei den einen überwiegt die Freude auf die Freunde, die sie täglich treffen. Die anderen kommen gerne zur Schule, weil sie ihre Lehrer nett finden. Manchen tut die Struktur gut, die ihnen die Schule bietet – gerade dann, wenn sie sie daheim nicht haben. Manche wollen tatsächlich etwas lernen, sie haben vielleicht ein Ziel vor Augen, für das sie einen Schulabschluss brauchen. Und manche kommen schlicht und ergreifend nur, weil es eine Schulpflicht gibt, die sie in die Schule zwingt.

Stärken und Schwächen sehen

Nicht jedem Schüler fällt das Lernen gleich leicht. Jeder hat seine Stärken und Schwächen – wie wir Erwachsenen ja auch. Mal ehrlich: Wünscht sich nicht jeder, dass die eigenen Stärken erkannt und wertgeschätzt werden? Und dass man beim Erlernen schwieriger neuer Lerninhalte unterstützt wird, vielleicht durch ausdrückliches Loben kleiner Fortschritte?

Wer sich bewusst darum bemüht, sich in den Schüler hineinzuversetzen,

Sich in den Schüler hineinversetzen

- der darum ringt, das Kürzen von Brüchen endlich zu beherrschen,
- und auch in den, der der Hummeln unterm Hintern einfach nicht Herr wird,
- und in den Schüler, der sichtlich Probleme hat, auch wenn er im Moment eher Probleme bereitet,
- und in all die anderen, die ihm in der Schule so über den Weg laufen,

wer dies tut, wird großzügiger mit Lob und Belohnung sein, weil er spürt, dass auch sehr kleine Dinge eine große Leistung sein können.

Gleich mal ausprobieren

Man kann das tatsächlich einem Schüler gegenüber auch aussprechen und ihn somit den Perspektivenwechsel spüren lassen: „Ich könnte mir vorstellen, dass ..." „Mir geht es manchmal so ..." „Kann es sein, dass ...?" Wie reagiert dann der Schüler?

AUS PRINZIP FREUNDLICH SEIN

29

Wie geht es Ihnen, wenn Sie – ob mit oder ohne Grund – von einer Kollegin am Morgen unfreundlich angesprochen oder gar regelrecht angemault werden? Hat man es tatsächlich verdient, einen unfreundlichen Tonfall abzukriegen, nur weil man einen kleinen Fehler gemacht hat? Vor allem: Wird durch diesen unfreundlichen Tonfall etwas besser? Machen Sie den Fehler beim nächsten Mal nicht mehr, weil Sie eben angeschnauzt wurden?

Wie fühlt es sich an, angemault zu werden?

Umgekehrt: Welches Gefühl löst es in Ihnen aus, wenn Sie in der Früh freundlich begrüßt werden, egal, ob Sie Großes geleistet oder Halbgroßes verbockt haben? Wie beeinflusst es Ihre Stimmung und Motivation, wenn Sie ein paar freundliche Sätze mit einer Kollegin oder einem Kollegen wechseln – auch dann, wenn Sie diesem keinen Gefallen getan haben, einfach nur so?

Ja, wir Menschen haben alle unsere Würde! Ja, wir haben es verdient, freundlich behandelt zu werden! Und somit ist es ein Gebot, aus Prinzip freundlich zu sein – gerade in einer Institution, die mit jungen (!) Menschen arbeitet. Weil es ihnen gut tut, auch wenn sie das nicht zeigen. Und weil sie an unserem Modell lernen können.

Gleich mal ausprobieren

›Tipp 90

Sprechen Sie die Dinge aus, die Ihnen positiv auffallen (Tipp 90)! Hat die Kollegin im Klassenzimmer nebenan neue Bilder im Flur aufgehängt? Ist die Schülerzeitung besonders interessant geworden? Haben Sie bei der Vertretung in der Klasse des Kollegen eine nette Unterhaltung genossen oder haben die Schüler schlichtweg motiviert gearbeitet? Verschweigen Sie es nicht! Geben Sie die Freude, die Ihnen die Situation bereitet hat, weiter!

DIE VORERFAHRUNGEN DER SCHÜLER IM AUGE BEHALTEN

30

Schüler bringen völlig unterschiedliche Erfahrungen in Bezug auf Kommunikation und Erziehung mit – aus ihren jeweiligen Familien.

Nicht zu unterschätzen ist aber auch die Art, wie die bisherigen Lehrkräfte kommuniziert und erzogen haben. Wenn Schüler eine wertschätzende Grundhaltung gewohnt sind, können wir mühelos anschließen und werden vermutlich auch mit Lob und positiver Verstärkung gute Erfahrungen machen.

Wenn es eine Klasse nicht gewohnt ist, gelobt oder verstärkt zu werden, wenn eine oder mehrere der vorhergehenden Lehrkräfte keine wertschätzende Grundhaltung hatten, in Kommunikations- und Erziehungsstil abwertend waren und auf die Angst vor negativen Sanktionen setzten, baut die Klasse ein entsprechendes „Klassenselbstwertgefühl" auf. Dieses kann bedeuten, dass sich die Klasse als „nicht lobens-wert" wahrnimmt, was zur Folge haben kann, dass sie auf Lob mit Abwehr reagiert oder sich besonders schlecht be-nimmt, um den vertrauten Zustand aufrecht zu erhalten.

Es kann auch sein, dass Freundlichkeit und Wertschätzung als Schwäche missverstanden werden, dass die Schüler au-ßer Rand und Band geraten und dass sie dem wertschätzen-den Lehrer das Leben zur Hölle machen. Erstens fällt die Angst vor Strafe und Abwertung plötzlich weg und zweitens haben die Schüler über lange Zeit Wertschätzung nicht am Modell lernen können. Wenn es zunächst also überhaupt nicht klappt, ist dies kein Zeichen, dass man diese Klasse weiterhin abwerten und strafen, sondern dass man sie sozu-sagen umgewöhnen sollte. Das kann nur über Beziehung funktionieren, und es kostet Zeit.

Die Schüler umgewöhnen

Achtung!

Gerade bei verhaltensauffälligen Schülern, die auch zu Hause keine Wertschätzung erfahren, ist das Umgewöh-nen sehr, sehr schwierig. Dennoch: Klar bleiben, Präsenz zeigen und durchhalten!

Um die Ecke gedacht

Wenn eine Klasse – im umgekehrten Fall – in den Himmel gelobt wurde, kann dies bei einem Lehrerwechsel zu ei-nem bösen Erwachen führen. Wenn die Klasse dann plötz-lich realistische und angemessene Rückmeldungen be-kommt, könnte sie das der neuen Lehrkraft anlasten.

31

Achtung, Abwertungsfalle!

Es gibt ein paar Klassiker, die uns mit voller Wucht in die Abwertungsfalle trampeln lassen:

1. wenn die Leistungen/Noten der Schüler schlecht sind,
2. wenn die Schüler Eigenarten haben, die uns nerven oder schlicht ratlos machen,
3. wenn Mode-, Style- und Musikgeschmack der Schüler uns an unsere Grenzen bringen,
4. wenn unsere eigene Befindlichkeit nicht so gut ist.

Ja, man muss es zugeben: Es ist nicht einfach, einem Schüler Wertschätzung entgegenzubringen, wenn er nichts lernt und schlechte Noten schreibt, obwohl wir uns solche Mühe gegeben haben. Auch nicht, wenn er sich nervig verhält und uns an unsere Grenzen bringt. Und manchmal fällt es uns auch schwer, den ausgefallenen Geschmack des Schülers unkommentiert zu lassen – weil wir ihn einfach so schrecklich finden. Tja, und wer kann schon wertschätzend agieren, wenn ihm selber nicht wohl ist?

Die Falle erkennen, ehe es zu spät ist

Egal, welcher Art die Falle ist: Wir müssen uns Mühe geben, sie zu sehen, bevor wir ihr Opfer werden. Das gelingt uns besonders gut, wenn wir „dem Feind ins Auge sehen", sprich: uns nichts vormachen über all das, was uns abwertend agieren lässt. Wir müssen ehrlich sein.

Gleich mal ausprobieren

Überlegen Sie in einer ruhigen Stunde doch mal: Was bringt mich ganz persönlich in Gefahr, einen oder mehrere Schüler abzuwerten? Achten Sie in den nächsten Tagen genau auf diesen Punkt! Vielleicht können Sie nach ein paar Tagen/Wochen sagen: Jetzt kenne ich meine Schwachstellen besser, jetzt schaffe ich es, nicht abzuwerten.

32

Wenn Lob ausgesprochen wird, macht es einen Unterschied, ob dies direkt an die ganze Klasse oder an einige Schüler oder gar einen einzelnen Schüler gerichtet wird. Ich kann als Lehrkraft z. B. zur Klasse sagen: „Das war eine tolle Stunde mit euch! Ihr habt wunderbar mitgearbeitet! Obwohl es so heiß ist, habt ihr euch prima konzentriert!"

Unterschiedliche Empfänger berücksichtigen

Oder ich kann das als Lehrkraft indirekt mitteilen, indem ich einer anderen Lehrkraft vor den Schülern erzähle, wie toll sie dies oder jenes gemacht haben. Die Schüler hören dann das Lob, ohne dass sie selbst angesprochen werden. Sie nehmen die Wertschätzung sehr wohl wahr.

Ich kann als Lehrkraft das Lob auch an einen einzelnen Schüler richten, z. B.: „Dein Tisch sieht schon perfekt hergerichtet für die Mathestunde aus! Ich freue mich sehr darauf, deinen ordentlichen Hefteintrag zu lesen!"

Man kann also einen Schüler (Tipp 9) bewusst vor der Klasse loben, um im Sinne des Modell-Lernens auch die Mithörenden zu motivieren, das gelobte Verhalten zu zeigen.

❯ Tipp 9

Die Chance zum Lob bietet sich auch im Elterngespräch. Dabei gibt es mehrere Möglichkeiten: Entweder ist der Schüler anwesend und wird dabei direkt angesprochen, vergleichbar mit der Vorgehensweise bei Lernentwicklungsgesprächen. Oder das Lob geschieht nicht direkt, sondern nur an die Eltern gerichtet.

Lob an die Eltern

Oder der Schüler ist abwesend, wird aber via Elternreaktion daheim über das Lehrerlob informiert.

Um die Ecke gedacht

Manchmal kann es sinnvoll sein, einen einzelnen Schüler ohne Zuhörer zu loben, z. B. um ihm Rückmeldung über sein positives Verhalten zu geben und ihn dadurch zu bestärken/verstärken, ohne gleichzeitig den Neid und die damit einhergehenden Abwertungen oder Kränkungen durch die Mitschüler zu wecken.

Ebenfalls sinnvoll kann es sein, einen einzelnen Schüler ohne Zuhörer zu loben, wenn der Schüler für einen individuellen Fortschritt gelobt wird, den die Mithörenden vielleicht schon längst vollzogen haben. Dieses Lob vor den anderen könnte sich für den Gelobten eher beschämend anfühlen.

ZWISCHEN ÖFFENTLICHEM UND PRIVATEM LOB UNTERSCHEIDEN

33

Öffentliches Lob löst Stolz aus

Mit öffentlichem Lob ist gemeint, vor der Klasse, vor anderen Schülern, vor anderen Lehrkräften, vor den Eltern gelobt zu werden. Der Grund dafür kann sein, dass sich ein Gefühl des Stolzes einstellt, frei nach dem Motto: „Wenn es keiner gesehen hat, ist es nicht passiert." Doch es ist passiert, wurde auch gesehen und gewürdigt! Darauf kann man stolz sein! Auch wenn Bilder von den gewählten Schülervertretern im Schulhaus aufgehängt oder wenn Schülerwerke öffentlich ausgestellt werden, ist dies eine Form des öffentlichen Lobs.

Darüber hinaus gibt es ein noch größeres öffentliches Lob, nämlich dann, wenn in Reaktion auf eine durchgeführte Aktion ein Artikel in der Schülerzeitung, im Stadtteilblatt oder in der regionalen Zeitung erscheint oder wenn ein Schüler, eine Klasse oder die ganze Schule von einem Politiker oder Würdenträger öffentlich belobigt wird.

Privates Lob fördert Motivation

Mit privatem Lob dagegen ist gemeint, im Einzelgespräch oder schriftlich oder durch Gesten, die nur der Schüler sieht oder versteht, zu loben – durch Nicken, Lächeln, den erhobenen Daumen ... Hier ist das Ziel die Motivation des einzelnen Schülers. (Tipp 32)

❯ Tipp 32

Um die Ecke gedacht

Was für uns Lehrer manchmal schwer zu packen ist: Es gibt Schüler, die mit Lob nicht umgehen können, weil es nicht zu ihrem Selbstbild passt. Diese Schüler nehmen das Lob nicht nur nicht an, sondern sie verhalten sich nach dem Lob so, dass man es am liebsten zurücknehmen möchte. Sie machen es durch Fehlverhalten wieder „kaputt", weil ihnen dieses Gefühl vertraut ist.

Gleich mal ausprobieren

Bei Schülern, die Lob schlecht annehmen können, muss das Lob erst ganz langsam angebahnt werden. Dies kann z. B. durch privates Lob gelingen oder durch die Technik des Spiegelns (Tipp 50), vielleicht sogar erst einmal nur durch Blickkontakt, der signalisiert: „Ich habe es gesehen!"

❯ Tipp 50

BINDUNG SCHAFFEN

34

Sehen und gesehen werden als Grundlage

„Sehen und gesehen werden" ist nicht nur eine Redensart, sondern auch die Grundlage für den Aufbau von Bindung und Beziehung. Und genau diese Bindung und diese Beziehung fördern die Motivation sowohl der Schüler als auch der Lehrkräfte selbst.

Immer wieder haben wir in unseren Klassen Schüler, die kein Vertrauen in die Bezugspersonen in ihrer Familie haben, denen es also nicht gelungen ist, eine tiefe Bindung aufzubauen. Dies kann zu einer großen Herausforderung für uns Lehrer werden, da das frühkindlich erlernte Bindungsmodell auch auf andere Bezugspersonen im Leben übertragen wird. Es ist daher umso wichtiger, als korrektive Bindungsperson aufzutreten, um dem Schüler zu zeigen, dass es auch andere Beziehungsmodelle gibt.

So kann eine Motivation stiftende Verständigung in der Schule und im Klassenzimmer ablaufen:

- Die Lehrkraft nimmt sowohl den Schüler als Person als auch sein positives Verhalten wahr und signalisiert ihm, dass sie ihn/es wahrgenommen hat (Tipp 17).

❯ Tipp 17

Verbindlichkeit durch Zuwendung erreichen

- Diese Zuwendung durch Rückmeldung schafft eine Verbindlichkeit für den Schüler und dadurch entstehen Bindung und Vertrauen.
- Sichere Bindung wiederum ermöglicht es dem Schüler, sich auf die schulischen Inhalte und auf soziales Lernen einzulassen, seine schulische Umgebung zu „explorieren". Denn unser Gehirn lernt nur in angstfreier, sicherer und wertschätzender Umgebung. Die Grundlage dafür ist eine sichere Bindung, in unserem Falle zur Lehrkraft (Tipp 18).

❯ Tipp 18

Um die Ecke gedacht

Bindung entsteht nicht nur durch Worte oder große Taten. Auch Blicke und nonverbale Signale zwischen zwei Personen schaffen Nähe und Verbindung.

Gleich mal ausprobieren

❯ Tipp 16

Kommunizieren Sie mit einem Ihrer Schüler nonverbal (Tipp 16) bei der nächsten Gelegenheit und ohne großes Publikum, auch wenn Sie in der Klasse sind. Lächeln Sie ihm zu, wenn er etwas gut gemacht hat, das vielleicht nur Sie bemerkt haben, oder senden Sie ihm ein vergleichbares nonverbales Signal. Das wird ein inniger Moment zwischen Ihnen beiden und schafft Bindung!

AUF DIE ART UND WEISE DES LOBES ACHTEN

35

Lob ist grundsätzlich etwas Gutes, aber wir können mit einem Lob auch Fehler machen – dann nämlich, wenn wir uns in der Art und Weise des Lobes vergreifen. Schüler sind da sehr sensibel. Deshalb müssen wir uns stets bemühen, dass Sprache, Tonfall, Stimmlage, Wortwahl und Ansprache zum Alter unserer Schüler passen.

Altersgemäß loben

Wortwahl zu nah am Teenie-Jargon? Könnte für Stirnrunzeln bei den Schülern sorgen.

Auch die Gelegenheiten/Anlässe des Lobens müssen passen – einen Neuntklässler mit hoher Stimme für sein grandioses Schuhe-Binden zu loben, wäre genial daneben.

Was wir uns auch immer wieder überlegen müssen: Ist in diesem speziellen Falle öffentliches oder privates Lob passend (Tipp 33)? Einem Siebtklässler vor versammelter Mannschaft zu sagen, dass er eine wunderschöne Gesangsstimme hat, wird wohl auch eher eine ablehnende Reaktion hervorrufen, außer Sie leiten einen Knabenchor.

> Tipp 33

Öffentlich oder privat loben?

Und schließlich müssen wir das richtige Maß finden. Denn zu häufiges Loben kann ermüden. Die Folge ist, dass auch das bewusst gesetzte und gut gemeinte Lob nicht mehr ernst, sondern für selbstverständlich genommen wird.

Das richtige Maß finden

Um die Ecke gedacht

Wenn Sprache und Wortwahl zu einem Grundschüler passen, Sie aber einen Oberstufenschüler in diesem Tonfall loben, wird er wahrscheinlich kein Lob erkennen, sondern nach Ironie oder Sarkasmus suchen bzw. sich auf den Arm genommen fühlen und das Lob als unangenehm empfinden.

DAS GEMEINSCHAFTSGEFÜHL STÄRKEN

So oft man einzelne Schüler loben sollte, so wichtig ist es auch, eine Klasse bewusst als Gemeinschaft, als Ganzes zu loben.

36

- „Mit euch kann man richtig toll diskutieren/arbeiten/organisieren!"
- „Zu euch komme ich immer wieder gerne, auch wenn es nicht immer einfach ist."

Die Klasse als Ganzes loben

- „Ihr seid eine wunderbar bunte Gruppe!"

Die Freude, die die Schüler bei solchem Gemeinschaftslob spüren, geben sie gerne weiter. Dennoch muss man zugeben, dass Glücksmomente dieser Art in manchen Klassen nur für kurze Momente vorkommen. Im besten Falle entsteht der gemeinsame Wunsch, diese schönen Momente zu wiederholen und bewirkt eine Fortsetzung des positiven Verhaltens.

So wie jeder einzelne Schüler im Laufe seines (Schul-)Lebens ein Selbstwertgefühl aufbaut, so baut auch eine Klasse als Gesamtes ein Klassenselbstwertgefühl auf. Dieses kann negativ sein ("Wir sind immer so laut! Wir schlagen alle Lehrer in die Flucht! Wir sind die schlimmste Klasse an der Schule!") oder positiv, so wie es ja das Ziel ist. Wenn Sie als Lehrkraft der Klasse positive Momente und Erlebnisse, Erfolge und besondere Highlights spiegeln (Tipp 50) oder sie dafür loben (Tipp 1), nehmen die Schüler Stück für Stück Ihre Fremdwahrnehmung in die eigene Selbstwahrnehmung auf. Neben dem positiven Klassengefühl wird auch die Gemeinschaft der Klasse gestärkt.

> **›Tipp 50**
> **›Tipp 1**

Gleich mal ausprobieren

Schaffen Sie eine Gelegenheit, bei der sich die Klasse als positive Gemeinschaft erleben kann und die Sie wiederum loben können. Anfangen können Sie mit kurzen, kooperativen Spielen, die auch zur Rhythmisierung des Unterrichtstages im Klassenzimmer genutzt werden können. Wenn die Klasse gefestigt ist, können auch größere Aktivitäten gemeinsam organisiert und durchgeführt werden, z.B. Klassenrat, gemeinsames Klassenfrühstück, Organisation eines Fußballturniers bis hin zur Schulhausübernachtung oder zum Schullandheimaufenthalt.

Beispiel für ein geeignetes Spiel: Die Schüler stellen sich ohne Worte im Klassenzimmer oder auf dem Flur in der Reihenfolge auf, dass ihre Vornamen nach dem Alphabet geordnet sind. Eine Steigerung dieser Aufgabe ist es, dass die Schüler mit ihren Stühlen eine lange Reihe bilden, sich darauf stellen und sich dann entsprechend dem Auftrag auf den für sie richtigen Stuhl zu bewegen, ohne den Boden zu berühren. Alternative Aufträge zur Aufstellung könnten sein: Ordnen nach Größe, Schuhgröße, Alter oder was Ihnen sonst noch passend für Ihre Klasse erscheint.

Wettbewerbe, die sich zum Loben eignen, sind z. B. ein Lesewettbewerb oder sportliche Wettbewerbe wie Hockeyturnier, Fußballturnier, Bundesjugendspiele. Wichtig sind altersangemessene und entwicklungsangemessene Aufgaben! Das Aufstellen eines gemeinsamen Schulziels ist zwar kein richtiger Wettbewerb, fällt aber unter diese Kategorie.

Angemessene Wettbewerbsaufgaben finden

Bitte bei der Gestaltung beachten, dass die Wettbewerbe keine traurigen Kinder, beschämten Jugendlichen oder auch Neider zur Folge haben, sondern dass jeder ein Lob bekommen und mit einem guten Gefühl aus dem Wettbewerb hervorgehen kann.

Für alle ein gutes Gefühl schaffen

Um die Ecke gedacht

Besonders die sportliche Wettbewerbssituation wird von den Schülern unterschiedlich verarbeitet. Es gibt Schüler, die sich aus Angst vor Versagen oder Lachern oder aus Scham über ein mögliches Nicht-Erreichen des Ziels verweigern oder sich still entziehen – durch vergessenes Sportzeug, „Krankheit" usw. Wettbewerbe sollten daher nach Möglichkeit pädagogisch sinnvoll gestaltet werden, damit sie alle Schüler erreichen, und zwar an dem Punkt, an dem sie stehen, und so, dass am Ende alle gelobt werden können für ihre individuelle Leistung. Manchmal hilft Teambildung, indem ein Team gemeinsam eine Aufgabe lösen muss.

Gleich mal ausprobieren

Diese Übung kann nicht nur bei Wettbewerben, sondern auch im Sportunterricht eingesetzt werden. „Der besondere Staffellauf" ist ein Wettbewerb, bei dem jeder Läufer am Wendepunkt der Strecke ein Puzzleteil passend anlegen muss, bevor er wieder zu seinem Team zurückläuft und das nächste Team-Mitglied losrennen darf. Hier zählt nicht nur das schnelle Laufen, sondern auch das schnelle Erkennen: Wo muss das Puzzleteil angesetzt werden?

Beispiele für preisgünstige Varianten
Variante 1:
Alte Tierkalenderblätter laminieren und in gewünschte Anzahl von Teilen zerschneiden. Jedes Team bekommt die zusammengehörenden Teile eines Kalenderblatts, allerdings noch umgedreht, sonst könnte das Team schon vor dem Staffellauf die Teile ordnen. → Am Ende des Staffellaufs liegt das fertig gepuzzelte Kalenderblatt da.

Variante 2:
Es werden Becher aus Plastik am Ende des Staffellaufs zu möglichst hohen Türmen gestapelt. Hier zählt nicht nur das schnelle Laufen, sondern auch das geschickte Stapeln.

Variante 3:
Statt der Becher können auch Bauklötze gestapelt werden. →
Der Fantasie sind keine Grenzen gesetzt!

38

Ein positives Verhalten oder eine Leistung im Klassenzimmer oder in anderen Kontexten, z.B. bei sportlichen oder anderen Wettbewerben, wird durch ein Symbol sichtbar für den Schüler gelobt. Er erfährt und fühlt auf diese Weise: Ich habe etwas gut gemacht und bin „nicht nur" mit Worten gelobt worden, sondern durch etwas, was mir bleibt. Ich kann es immer wieder anschauen und stolz auf mich sein. Keiner kann es mir wieder nehmen. Ich kann mich stets rückversichern, dass ich es wirklich gut gemacht habe. Ich kann dies auch in Phasen tun, in denen mir etwas nicht gelingt oder in denen es mir schlechter geht, und dabei den schönen Moment des Lobes wieder erleben und mich dadurch motivieren.

Symbole sind sichtbar gemachtes Lob

Lobmomente wieder erleben

Solche Lobsymbole können sein:

- Lachsmiley oder Daumen hoch für das Erreichen von individuellen oder Klassenzielen und für Hefteinträge,
- unterschiedliche Stempel, z.B. Tierstempel, Weihnachtsstempel oder andere Lobstempel für schöne Hefteinträge, erledigte Hausaufgaben oder im Zusammenhang mit einem Tokensystem (Tipp 55),
- Lobkärtchen, Lobsammelkarten, „Fleißbildchen", Gutscheinkarten,
- Urkunden, Medaillen, Pokale.

❯ Tipp 55

Um die Ecke gedacht

Betrachten wir das Loben mit Symbolen im größeren Schulkontext: In vielen Schulen gibt es eine Wand mit Urkunden von Sportwettbewerben, für besonders gelungene Schülerzeitungsbeiträge, von Lesewettbewerben oder eine

Vitrine mit Sportpokalen. Es hat einen Grund, warum diese Symbole des Erfolgs gezeigt werden: Stolz! Man hat eine gute Leistung erbracht und diese ist gelobt und gewürdigt worden. Die ganze Schule kann stolz sein auf „ihr" Basketballteam, „ihre" Fußballmannschaft, die beim Nikolausturnier gewonnen hat, „ihre" Schülerzeitungs-AG, die einen Wettbewerb gewonnen oder eine andere tolle Aktion durchgeführt hat. Das stärkt das Gemeinschaftsgefühl der Schüler bzw. aller Personen, die an einer Schule zusammenkommen.

DARAUF ACHTEN, WAS GELOBT WIRD

39

Komplimente sind auch ein Lob

Wenn wir in der Schule loben, müssen wir uns bewusst machen, was wir da eigentlich loben – ein Verhalten, eine Leistung, das Aussehen? Auch ein Kompliment für eine Äußerlichkeit kommt als Lob rüber! Wobei Letzteres wohldosiert verteilt werden muss: Einem Schüler, der ohnehin schon vor Selbstbewusstsein wegen seines coolen Aussehens und seiner angesagten Klamotten strotzt, brauchen wir keine Sonderration an Komplimenten geben. Einem Schüler aber, der spürbar an sich zweifelt und/oder der auf anderen Gebieten eher wenig Lob abbekommt, dem darf man sehr wohl sagen, dass der neue Pulli ihm sehr gut steht, dass die Frisur heute toll sitzt, dass er in der letzten Zeit groß und schlank geworden ist.

Lob kann zum Gegenteil werden

> Tipp 33
> Tipp 9

Was für den einen ein Lob ist, kann übrigens für den anderen das genaue Gegenteil sein: eine Kränkung oder sogar Abwertung. Wenn Sie z. B. den einen Schüler öffentlich loben (Tipp 33), kann das zum einen im Positiven Modellwirkung (Tipp 9) haben, es kann aber auch einem anderen Mithörenden vor Augen führen, was er nicht schafft, und ihn entmutigen oder sogar blockieren. Konkret: „Es ist wirklich beeindruckend, wie schnell du eben die Strecke gerannt bist!" Dieses Lob bezieht sich auf eine Leistung bzw. körperliche Konstitution,

die nicht jeder erreichen kann und die somit, wenn es öffentlich ausgesprochen wird, eine hemmende Wirkung auf Mit-
hörende haben kann. Dies kann auch bei Lob von Intelligenz
passieren, je nachdem, wie es geäußert wird.

Gleich mal ausprobieren

Wenn Sie öffentlich loben: Loben Sie Verhaltensweisen oder
Leistungen, die für alle Schüler erreichbar sind, z. B. „xy hat
alle Arbeitsmaterialien für die Geometriestunde schon hergerichtet / die passende Seite im Buch schon aufgeschlagen /
sitzt schon an seinem Platz / hat die Hausaufgabe schon aufgeschrieben." Das wirkt sich sehr motivierend auf alle aus,
da diese Anforderung von jedem erfüllt werden kann, der es
möchte.

Um die Ecke gedacht

Lob für etwas, das jemand schon sehr gut und sehr lange
beherrscht, sollte man sich gut überlegen. Denn was ist
das Lob dann noch wert? (Tipp 35)

❯ Tipp 35

❯ Tipp 35

BEREITS KLEINE SCHRITTE LOBEN

Um die Schüler zu bestimmten Leistungen und Verhaltensweisen zu motivieren, sollten bereits Anfänge, die in die gewünschte Richtung gehen, gelobt werden, z. B. auch schon
eine gute Idee oder ein guter Plan. (Tipp 8)

❯ Tipp 8
Sich Gedanken über
konkrete Ziele machen

Hierfür müssen wir uns Gedanken über konkrete Ziele machen:

- In welche Richtung soll es gehen?
- Was ist mir selbst wichtig?
- Wie können die ersten Schritte aussehen?

Dabei kann das, was für den einen Schüler aufgrund seiner
Prägung von daheim eine Selbstverständlichkeit ist, einen
anderen große Mühe kosten, da er auf keine Grundlagen zu-

rückgreifen kann. Auch das Tempo ist sehr unterschiedlich. Diese Sichtweise führt zu einer individuellen Betrachtung der Schüler und einer genauso individuellen Würdigung. Dabei hilft es, wenn wir möglichst viel über unsere Schüler wissen, um uns ein Gesamtbild zu machen.

Schüler individuell betrachten

Ein übergewichtiger Schüler wird wohl eher nicht zum Supersportler werden, ein Schüler mit graphomotorischer Schwäche wohl nicht zum Schönschreiber, aber trotzdem sollten alle Mühen und Anstrengungen in die gewünschte Richtung wertgeschätzt werden, um die Schüler weiterhin auf Motivationskurs zu halten.

Durch kleinschrittiges Loben auf Motivationskurs halten

Und dann gibt es ja auch die Spezialfälle: Schüler, die großen Förderbedarf in der sozialen und emotionalen Entwicklung zeigen und aufgrund der Inklusion in der Klasse sitzen. Sie rasten in Konfliktsituationen verbal oder körperlich aus, laufen weg oder zeigen anderes auffälliges Verhalten. Auch in diesen Kontexten geht es darum, bereits die Anfänge zu loben, z. B. sogar dann, wenn der Schüler in der Konfliktsituation nicht mehr aus dem Schulgebäude wegläuft, sondern nur bis zu einem vereinbarten Punkt. Von dort aus kann der „Fluchtradius" Schritt für Schritt verringert werden und jeder Schritt verdient Lob.

Um die Ecke gedacht

Wenn diese Anfänge nicht gelobt und gewürdigt werden, kann es passieren, dass z. B. der Übergewichtige keine Motivation mehr aufbringen kann und sich eher der unangenehmen Situation durch „Krankheiten" und „Verletzungen" entzieht, die seine Teilnahme am Sportunterricht verhindern, oder auch durch vergessenes Sportzeug. Der Schüler mit der graphomotorischen Schwäche wird jede Situation vermeiden, in der geschrieben werden soll.

Achtung!

Lernen fällt nicht jeden Tag gleich leicht. Es kann also sein, dass derselbe Schüler an einem Tag viel weniger schafft als an einem anderen und trotzdem ein Lob verdient, weil er es heute eben besonders schwer hatte.

In jeder Klasse haben wir Schüler, die aufgrund ihres familiären Umfeldes und ihrer Prägung wenig Selbstvertrauen in sich und ihre Fähigkeiten haben. Gründe können sein, dass die Eltern keine Zeit haben, dass die Schüler sich nicht wahrgenommen fühlen, dass sich niemand mit ihnen beschäftigt, dass es von zu Hause aus viel Druck oder Gewalt gibt oder gar, dass kein Vertrauen in die Bezugspersonen da ist. Manche Schüler haben auch aufgrund bisheriger schulischer Erfahrungen – und möglicherweise damit verbundener Abwertungen – kein Vertrauen in sich und ihre Leistungsfähigkeit und Verhaltenssteuerung. Umso wichtiger sind wir Lehrkräfte im schulischen Kontext: Wir sind zentrale Bezugspersonen, mit denen die Schüler je nach Stundenzahl, die wir in der Klasse sind, mehr Zeit als mit ihren Eltern verbringen. Wir haben Einfluss und können die Schüler mitprägen! Und im besten Fall kann das gewonnene (Selbst-)Vertrauen an die Umgebung weitergegeben werden.

Viele Schüler haben kein Vertrauen in die eigene Leistungsfähigkeit

Viele Schüler trauen ihrer Bezugsperson nicht

Gleich mal ausprobieren

Prägen Sie Ihre Schüler, geben Sie ihnen Halt und fördern dadurch ihr Selbstvertrauen! Sie können die Person sein, die an den einen Schüler glaubt und in ihm etwas erkennt, das er in der Lage ist, zu leisten. Wenn Sie diese positiven Eigenschaften entdecken, sie wertschätzen und loben, können Sie das Selbstvertrauen jedes einzelnen Schülers fördern!

Um die Ecke gedacht

Auch die Mitschüler können in solche „Förderungen" einbezogen werden. Durch Tutorensysteme, passende Partnerkonstellationen und Gruppenarbeiten können die Schüler Rollen übernehmen, bei denen sie ihre Stärken gut einsetzen und auch dafür gelobt werden können. In den Kleingruppen fällt es manchmal leichter, als vor der ganzen Klasse aufzutreten.

TALENTE UND LEISTUNGEN AUS NICHTSCHULISCHEM KONTEXT LOBEN

42

Schüler in ihrer Gesamtheit wahrnehmen

Schüler sind nicht nur Schüler, sondern haben auch ein Privatleben – so wie wir Lehrer auch. Wichtig ist es deshalb, dass wir unsere Schüler in ihrer Gesamtheit wahrnehmen und sie nicht nur auf ihre Schülerrolle reduzieren. Das, was über die Schule hinausgeht, kann so vieles sein:

- sportliche Talente im Fußball, Ballett, Kickboxen,
- musikalische Talente wie Instrumentalspiel, Gesang, Beatboxen,
- Einsatz im familiären Bereich, wie Verantwortung für jüngere Geschwister oder Fürsorge für ältere Familienangehörige übernehmen.

Nichtschulische Leistungen in der Schule würdigen

Auch solche nichtschulischen Leistungen dürfen und sollen in der Schule gewürdigt werden, da es für eine sichere Bindung sorgt, wenn die Schüler sich wahrgenommen fühlen und den Stolz aus ihrem Privatleben auch mit in die Schule bringen können. Über die Bindung hinaus verursacht die Würdigung dieser nichtschulischen Leistungen ein gutes Gefühl bei den Schülern, das sich auch positiv auf die Motivation für die schulischen Anforderungen auswirken kann.

Gleich mal ausprobieren

Wenn Sie einen Schüler für einen außerschulischen Erfolg loben, werden Sie sofort merken, wie stolz er ist und wie dankbar, weil Sie dieses Talent wahrgenommen und mit ihm darüber gesprochen haben, obwohl er es ja gar nicht im schulischen Kontext gezeigt hat. Beobachten Sie, wie dieser Schüler im Rahmen seiner Möglichkeiten auch bei Ihnen einen Motivationsschub bekommt!

Um die Ecke gedacht

Gerade für Schüler, die in schulischen Fächern und Belangen nicht besonders fit sind, ist es für das Selbstwertgefühl sehr wichtig, wenn ihre außerschulischen Talente auch in der Schule bekannt sind. Dies kann sich, z. B. in Form eines positiveren Selbstbilds, ein Leben lang bemerkbar machen.

KÖRPERKONTAKT BEWUSST EINSETZEN

43

Bewusster Körperkontakt ist eine weitere Möglichkeit, nonverbal zu loben (Tipp 16) und seiner Freude Ausdruck zu verleihen.

Beispiele sind:

> ❭ Tipp 16
> Beispiele für bewussten Körperkontakt

- einem Schüler die Hand auf die Schulter legen oder auf die Schulter klopfen,
- bei jüngeren Schülern: über den Kopf streichen oder die Hand drücken.

Sportlichere Varianten:

- mit der Faust leicht gegen die Schulter knuffen,
- leicht auf den Rücken klopfen,
- Hände abklatschen.

Gleich mal ausprobieren

Schüler können sich auch selbst loben im Sinne einer Selbstaffirmation, indem sie sich auf die Schulter klopfen. Nicht nur jüngere Schüler, sondern auch die älteren lassen sich mitreißen, wenn sie eine Aufgabe erfolgreich erledigt haben und man sie auffordert: „Das war knifflig! Wer das geschafft hat, der kann sich echt auf die Schulter klopfen!"

Um die Ecke gedacht

Vorsicht! Berührungen sind nicht für jeden Schüler angenehm, auch wenn sie nett gemeint sind! Es gibt Schüler,
die mit körperlichen Berührungen negative Momente verbinden, weil sie z. B. daheim Gewalt erfahren haben. Bei
diesen Schülern kann eine gut gemeinte, aufmunternde
oder lobende Berührung eine emotionale Krise auslösen,
die sich völlig unerwartet in unvorhersehbarem Verhalten
äußert. Daher ganz wichtig: Körperliche Berührung sehr
sensibel und langsam anbahnen! Im Zweifelsfall lieber
sein lassen! Auch für Schüler mit einer Autismusspek-
trumsstörung können körperliche Berührungen sehr unangenehm sein! Selbst leichte und sogar unabsichtliche
Berührungen können sich wie Schläge anfühlen!

EINZELGESPRÄCHE FÜHREN

44

> Tipp 33
Einzelgespräche sind
intensive Momente

Man muss zwischen öffentlichem und privatem Lob unterscheiden (Tipp 33). Einzelgespräche sind dabei sehr intensive Momente der Rückmeldung, denn ohne Zuhörer können
manche Schüler das Lob besser annehmen. Vor Zuhörern
wäre ihnen dies vielleicht peinlich.

Ein Einzelgespräch drückt eine besondere Wertschätzung
aus: Der Schüler spürt, dass sich die Lehrkraft bewusst und
ausdrücklich für ihn die Zeit nimmt, um ein Lob an ihn aus-
zusprechen.

Gleich mal ausprobieren

So ein Einzelgespräch muss nicht lange dauern, sondern
kann durchaus mal zwischen Tür und Angel oder während
einer ruhigeren Pausenaufsicht stattfinden! Versuchen Sie
es bewusst während der nächsten Schulwoche!
Auch die Vorviertelstunde bietet Gelegenheiten für kurze
Einzelgespräche. Voraussetzung ist, dass Sie bereits anwe-

send sind – nicht nur körperlich und damit beschäftigt, noch alle Unterlagen zu sortieren, sondern ansprechbar.

Achtung: Einzelgespräche im Unterricht sind mit Vorsicht zu genießen! Sie signalisieren den anderen Schülern möglicherweise, dass gerade „Plauderzeit" statt Stillarbeitszeit ist.

Um die Ecke gedacht

Diese Momente schaffen Bindung und Vertrauen, was im Umkehrschluss bedeutet, dass Verbindlichkeit, Loyalität und Motivation entstehen.

BEWUSST ERFOLGSERLEBNISSE ERMÖGLICHEN

45

In den meisten unserer Klassen sitzt inzwischen eine sehr heterogene Schülerschaft. Heterogen in vielerlei Hinsicht: in Bezug auf Verhalten, Leistung, kulturelle und familiäre Prägung und Lebenserfahrung.

An die heterogene Schülerschaft denken

Um in dieser Vielfalt jedem Schüler auf seinem jeweiligen Entwicklungsstand Erfolgserlebnisse zu ermöglichen, stehen uns die didaktischen Unterrichtsprinzipien der Differenzierung (auf unterschiedliche Lernvoraussetzungen, -prozesse und -ergebnisse der Schüler reagieren) und der Individualisierung (Lernstände, Leistungsfähigkeit, Interessen, Neigungen und Persönlichkeiten von Schülern individuell betrachten) zur Verfügung.

Individualisieren und differenzieren wiederum können wir in Bezug auf Leistung und auf Verhalten. So können wir maßgeblich dazu beitragen, dass jeder Schüler immer wieder zu Erfolgserlebnissen kommt.

Individualisierung und Differenzierung berücksichtigen

Um die Ecke gedacht

Vielleicht ist es für den einen Schüler schon eine Erleichterung und ermöglicht ein Lob, wenn er während einer emotional belastenden Lebensphase (Trennung der Eltern, Tod der Großeltern, Krankheit eines Elternteils) nicht sozial aktiv an einer Gruppenarbeit teilnehmen muss, sondern seinen Beitrag in Einzelarbeit (und somit sozial entlastet) anfertigen kann.

Oder umgekehrt: Wenn der in Mathematik schwache Schüler die Einzelarbeit nicht alleine bearbeiten muss, sondern seinen mathematisch starken Banknachbarn um Rat fragen darf, obwohl eigentlich Einzelarbeit angesagt war.

INDIVIDUELL LOBEN UND VERSTÄRKEN

46

Jeder Schüler erlebt individuelle Herausforderungen im Unterricht

Jeder Mensch hat seine Vorlieben – auch in der Schule. Das Lieblingsfach des einen ist für den anderen ein Graus. Der Lieblingslehrer des einen beschert dem anderen die schlimmste Unterrichtsstunde der Woche. Die leichteste Übung für den einen Schüler erscheint dem anderen unmöglich oder zumindest unvorstellbar.

Deshalb: So individuell die Herausforderungen für jeden Einzelnen im Schulleben und Schulalltag sind, so individuell sollten auch Betrachtungsweise und Rückmeldung bzw. Lob sein.

Gleich mal ausprobieren

Loben Sie einen Schüler mal wieder für etwas, das Sie vielleicht schon fast für selbstverständlich bei sich und auch bei ihm halten, selbst wenn Sie wissen, wie viel Anstrengung es ihn – vielleicht immer noch – kostet! Seine Freude über Ihre Rückmeldung zu seinem Einsatz wird sicher groß und damit auch motivierend sein!

Um die Ecke gedacht

Stellen sich auch Ihnen besondere Herausforderungen im schulischen Alltag? Der Einsatz unterschiedlichster Medien vielleicht? Eine schöne Schrift an der Tafel? Ordnung im

DURCH LOB ERMUTIGEN

47

Wir erleben es immer wieder: Wer mutig ist, traut sich mehr
zu, stellt sich neuen Aufgaben leichter und selbstbewusster.
Lob wiederum signalisiert: „Ich erkenne deine Leistung oder
dein Verhalten an und würdige es." Lob unterstützt so bei der
inneren Verortung: Wo stehe ich eigentlich? Was kann ich?
Was denkt meine Lehrerin über mich? Wie schätzt sie mich
ein? Lob spornt auf diese Weise zu weiteren Leistungen an.
Das Lob signalisiert außerdem: „Ich sehe dich, glaube an dich
und traue dir die Aufgabe zu!" Es entsteht ein Gefühl, verursacht durch die vertrauensvolle und ermutigende Beziehung – und dadurch schüttet der Körper das Motivationshormon Dopamin aus. (Tipp 7)
Jemand glaubt an mich! Kann ich das etwa schaffen? Ich
könnte es ja mal versuchen, wenn die Lehrkraft denkt, dass
es möglich ist für mich.

Mut macht selbstbewusster

Dopamin wird
ausgeschüttet

> Tipp 7

Gleich mal ausprobieren

Fällt Ihnen ein Schüler in Ihrer Klasse ein, der besonders gut
auf Zuspruch und Lob anspricht oder möglicherweise an-
sprechen könnte? Vielleicht ermutigt ihn Ihr Lob zu besseren
Leistungen oder „stärkerem Verhalten". Beobachten Sie die
Wirkung Ihres Lobes auf solch einen Schüler mal bewusst!

Um die Ecke gedacht

Lob zeigt dem Schüler, dass jemand ihn wahrnimmt, auf
ihn achtet. Es entsteht das Vertrauen, dass er begleitet
wird. Im besten Falle gelingt – manchmal erst nach langer
Zeit – der Transfer dieses Vertrauens auf andere Herausforderungen.

48

Lob durch Gleichaltrige wiegt schwer

Nicht jeder kann loben

Das Lob, das dem Schüler so gut tut, muss nicht nur von der Lehrkraft kommen. Besonders bei älteren Schülern wiegt ein Lob durch Gleichaltrige (Peergroup) oft weit mehr als das durch einen Erwachsenen. Dabei gibt es auch hier die Möglichkeiten des mündlichen und des schriftlichen Lobens.

Loben will gelernt sein! Gerade für Schüler, bei denen zu Hause ein rauer Umgangston herrscht, ist das Loben nicht selbstverständlich. Sie kennen eher die Methode des „Runtermachens".

Auch wenn es jemandem selbst schlecht geht, fällt es ihm schwer, einer anderen Person ein Lob zu schenken. Schließlich kann ein Mangel an Ideen oder auch Neid verhindern, dass jemandem ein Lob über die Lippen kommen will. Daher sollte das gezielte Loben der Schüler untereinander durch die Lehrkraft bewusst vorbereitet und angebahnt werden. Dabei hilft es sehr, den Schülern den Rahmen so konkret wie möglich vorzugeben, indem genau besprochen wird, was der Auftrag ist: Was ist zu tun? Was ist erwünscht und was unerwünscht? Das Ziel ist, dass sich hinterher jeder Schüler freuen kann und dass es ihm gut geht, wenn er das geschriebene Lob liest oder das gesagte Lob hört.

Um die Ecke gedacht

Bei allen Formen des gegenseitigen Lobes der Schüler untereinander sollten wir Lehrer immer berücksichtigen, dass die Schüler aus sehr unterschiedlichen Verhältnissen kommen und dass nicht alle von ihnen mit Loben Erfahrung haben. Damit diese Übung nicht nach hinten los geht und das Selbstwertgefühl einzelner Schüler schädigt, sollte sie sensibel und genau vorbereitet werden, da sonst Kränkungen oder Abwertungen ausgesprochen oder aufgeschrieben werden könnten.

49

Eine wunderbare Sache ist es, den Schülern das gegenseitige Loben zu überlassen. Dies passiert nicht von alleine. In der Regel hacken sie lieber aufeinander ein, als sich Nettigkeiten an den Kopf zu werfen.

Aber es gibt eine Möglichkeit – ausgelöst durch folgende Frage: „Was ist das Netteste, das du über ... sagen kannst?" Diese Frage sollen die Schüler für jeden ihrer Mitschüler beantworten. Dazu schreiben sie einfach die Antwort mit dem Namen des Mitschülers auf ein Blatt. Oder sie bekommen eine Vorlage mit vorbereiteten Fragen und Namen wie: Was ist das Netteste, das du über Franzi sagen kannst? Was ist das Netteste, das du über Mehmet sagen kannst? ...

Was ist das Netteste, das du über ... sagen kannst?

Man muss ziemlich viel Zeit für diese Aktion einkalkulieren, weil es den Schülern in der Regel nicht leicht fällt, den Fokus plötzlich nur auf die guten Seiten ihrer Mitschüler zu richten, aber es klappt. Wenn alle in Ruhe ihre Lob-Texte geschrieben haben, werden diese eingesammelt und von der Lehrkraft bis zur nächsten Stunde ausgewertet. Sie schreibt für jeden Schüler –möglichst schön gestaltet – auf, was die anderen Positives über ihn geschrieben haben, und übergibt dies feierlich an die betreffende Person.

Ein Lob-Blatt übergeben

Möglich ist es auch, nacheinander jeden Schüler auf einem bestimmten Stuhl Platz nehmen zu lassen und ihm dort eine „Lobdusche" zu verabreichen, indem das Lob der Mitschüler laut vorgelesen und dann erst das entsprechende Blatt übergeben wird.

Eine Lobdusche verabreichen

Schüler, die nicht auf den Stuhl möchten und ihr Lob lieber still lesen, können dies ohne Rechtfertigungsarie tun.

Achtung!

> Auch wenn Schüler dabei sehr cool tun, können Sie als Lehrer sicher sein, dass sie sich zu Hause diese positive Liste nicht nur einmal durchlesen werden, dass sie das Lob im positiven Sinne stärken wird und dass das Ganze dem Klassenklima dienlich ist. Vielleicht kennen Sie die

Geschichte, in der eine Lehrerin bei der Beerdigung eines längst erwachsenen Schülers von dessen Eltern erfährt, wie viel ihm all die Jahre diese positive Liste bedeutet hat, die in ihrem Unterricht angefertigt und allen Schülern überreicht worden war.

Um die Ecke gedacht

Haben Sie selbst schon mal eine Lobdusche in irgendeiner Form erhalten? Waren Sie zumindest in der Situation, dass Sie unverhofft von jemandem gelobt wurden? Hatten Sie vielleicht sogar mal einen dieser Pappteller auf dem Rücken, auf dem die anderen Seminarteilnehmer abschließend etwas Nettes aufschreiben sollten? Falls ja, seien Sie bitte ehrlich: Wie hat sich das angefühlt? Welche Stimmung löste dies bei Ihnen aus? Wo liegt oder hängt der Pappteller jetzt? Vermutlich nicht in der Mülltonne.

DIE TECHNIK DES SPIEGELNS EINSETZEN

Besonders für die Schüler, die sich schwer damit tun, Lob anzunehmen, weil sie es nicht mit ihrem Selbstbild vereinen können, bietet sich die Technik des Spiegelns an: Die Lehrkraft gibt dem Kind eine beschreibende Rückmeldung über seine Leistung oder über sein Verhalten.

Spiegeln ist also kein Loben, aber beim Spiegeln konzentriert man sich auf die angemessenen Anteile des Verhaltens oder der Leistung und gibt darüber Rückmeldung. Gemeint sind kurze, knappe Worte, die ein Verhalten oder eine Leistung beschreiben. Spiegeln zeigt dem Schüler, dass die Lehrkraft bemerkt: „Du kannst etwas, du hältst dich an die Regeln, du bist erfolgreich, du machst (kleine) Fortschritte."

Um die Ecke gedacht

Es gibt Schüler, die es gewohnt sind, kritisiert oder abgewertet zu werden. Diese Schüler können sich selbst manchmal gar nicht mehr positiv wahrnehmen und bemerken auch an sich selbst nicht, dass sie sich positiv verhalten oder eine positive Leistung erbringen. Ihr Selbstbild ist negativ. Spiegeln sorgt dafür, dass diese Schüler sich positiv wahrnehmen können. Man hält ihnen sozusagen in einer gelungenen Situation den Spiegel vor.

Gleich mal ausprobieren

Beispielsätze fürs Spiegeln sind:

- „Du hast gleich angefangen, die Aufgabe zu bearbeiten."
- „Du hast dir die Hausschuhe angezogen, bevor du ins Klassenzimmer gekommen bist."
- „Du bist direkt beim Gong an den Anstellplatz gekommen."

SCHRIFTLICH IN BRIEFFORM LOBEN

51

Alles, was schriftlich geschieht, signalisiert eine hohe Wertigkeit. Wenn wir Schüler schriftlich loben, zeigen wir damit eine besondere Form der Wertschätzung. Denn das Lob bleibt, es kann immer wieder gelesen werden.

Schriftform zeigt hohen Wert

Der Umfang kann dabei variieren – von einem kleinen Lob unter einem Hefteintrag (Super! Toll!) bis zu einem regelrechten Lobbrief ist alles möglich.

Lehrer *und* Schüler können schriftlich loben

Das schriftliche Lob kann von der Lehrkraft oder von den Schülern gegenseitig aufgeschrieben werden. Die Formulierungen der Zeugnisbemerkungen sind im Prinzip auch schriftliche Worte des Lobes. Umso mehr sollte man sich überlegen, wie man die Bemerkungen individuell unterscheiden kann, so dass bei jedem Schüler ein persönliches Lob eingebaut werden kann, z. B. für die ordentliche Heftführung, das Engagement bei Klassenunternehmungen, die gewissenhafte Erledigung der Dienste oder die aktive Teilnahme am Unterricht.

Um die Ecke gedacht

Haben Sie auch schon mal ein Lob in schriftlicher Form bekommen, vielleicht in Form einer dienstlichen Beurteilung, per E-Mail oder einfach auf einem Klebezettel als Rückmeldung für Unterlagen, die Sie abgegeben haben? Wie oft haben Sie es gelesen, um das schöne Gefühl immer wieder zu spüren?

Lassen Sie sich selbst ein Lob in schriftlicher Form verabreichen, indem Sie die Schüler bitten, Ihnen zum Zeugnistag ein Zeugnis auszustellen.

Gleich mal ausprobieren

Schreiben Sie einen Lobbrief, in dem Sie das hervorheben, was Ihnen bei dem betreffenden Schüler wichtig ist. Hier ein Beispiel mit der Erwähnung von „Primapunkten", die ein Schüler im Laufe des Schuljahrs gesammelt hat.

Lobbrief

für den Schüler _____ aus der Klasse _____

_____ hat im Laufe des Schuljahres _____ / _____

200 Primapunkte

verdient für sein vorbildliches und motiviertes Verhalten während des Unterrichts und der Unterrichtsgänge.

Der Schüler erfreute wiederholt durch seine positive Arbeitshaltung sowie durch sein aufmerksames und hilfsbereites Verhalten gegenüber Lehrern und Mitschülern.
Die Zusammenarbeit mit ihm war sehr angenehm.

_____   _____
Ort, Datum   Unterschrift

52

Zu einer positiven und wertschätzenden Atmosphäre gehört das Lob, es muss jedoch nicht andauernd ausgesprochen werden, um den Schülern ein positives Gefühl zu vermitteln. Zu viel Lob kann nämlich dazu führen, dass die Schüler in der dauerhaften Erwartung leben, sie müssten ein Lob für eine Leistung oder für ein Verhalten bekommen. Und wenn sie dann einmal nicht gelobt werden, entsteht schnell der Eindruck, die Leistung oder das Verhalten war nicht „des Lobes würdig".

Schüler sollen nicht dauernd ein Lob erwarten

Außerdem verhält es sich beim Loben genauso wie bei allen anderen Dingen, von denen es zu viel gibt: Es wird inflationär und dadurch weniger wert.

„Inflation" entwertet

Gleich mal ausprobieren

Wenn Sie dazu neigen, eher zu viel als zu wenig zu loben, nehmen Sie sich vor, genau auf Ihre Lob-Dosis zu achten. Und wenn Sie feststellen, dass Sie es ein wenig zu gut meinen, nehmen Sie sich ruhig auf die Schippe und sagen augenzwinkernd: „Heute habe ich es aber besonders gut gemeint. Du bist klasse, aber jetzt reicht es."

53

Es lohnt sich immer, die Schwellen im Schulalltag zu erkennen und bewusst zu gestalten – durch positive Verstärkung. Diese Schwellen können wir in unserem Schulalltag suchen: Welche Phasen wünschen wir uns ruhiger oder selbstständiger?

Solche Schwellen können unruhige Phasen in der Klasse sein, wie

Schwellen erkennen und gestalten

- der Stundenwechsel,
- die Ankunft im Klassenzimmer nach der Pause,
- das Aufschreiben oder Abgeben der Hausaufgabe,
- das Anstellen für den Fachunterricht,

- das Anziehen der Hausschuhe in der Frühe,
- der Sitzplatzwechsel in einen Sitzkreis oder zur Partnerarbeit.

Gezielte positive Verstärkung

All diese Phasen sind wunderbare Gelegenheiten für eine gezielte positive Verstärkung, um den Schülern zu zeigen, wie wir uns den Ablauf dieser Phase vorstellen und wie wir die gelungene Umsetzung würdigen.

Wichtig ist hierbei die Transparenz: Den Schülern sollte schon im Vorfeld bekannt sein, wie das erwünschte Verhalten aussieht, das man von ihnen erwartet.

In der ersten Zeit sollte dann das gewünschte Verhalten konsequent verstärkt werden, so dass sich die positive Verknüpfung (erwünschtes Verhalten → Verstärkung) im Gehirn der Schüler verankert. Nach einer Zeit der konsequenten Verstärkung sollte die Verstärkung nur noch intermittierend **> Tipp 54** (Tipp 54) stattfinden, um sie möglichst nachhaltig zu gestalten.

Beispiele für Verstärker finden Sie vorne in diesem Buch **> Tipp 3** (Tipp 3).

Wichtig ist es hierbei, zwischen Verhalten und Person zu trennen. Auch wenn ein Verhalten nicht erreicht wird, sollte die Wertschätzung für die Person trotzdem erhalten bleiben!

Gleich mal ausprobieren

Halten Sie einen Verstärker bereit für eine Phase, die Sie bewusst gestalten wollen, und kündigen Sie schon im Vorfeld an: „Wer es schafft, sich leise anzustellen / sich zügig umzuziehen / beim Stundenwechsel ruhig sitzen zu bleiben …, bekommt ein Stück Schokolade / eine Nuss."

Um die Ecke gedacht

Unser Gehirn speichert Handlungen, die von Erfolg oder Belohnung gekrönt sind, als positiv und attraktiv ab. Machen Sie durch die Verstärkung auch Alltagssituationen bewusst attraktiv.

54

Intermittierende Verstärkung bedeutet, dass nach der Einführungsphase nicht mehr konsequent jedes erwünschte Verhalten verstärkt wird, sondern nur noch hin und wieder. Dabei hat sich herausgestellt, dass gerade die intermittierende Verstärkung Verhalten besonders nachhaltig festigt. Lernprozesse sind besonders wirksam, wenn in der Anfangsphase kontinuierlich verstärkt wird, das heißt auf jedes gewünschte Verhalten eine Verstärkung erfolgt.

In der Anfangsphase kontinuierlich verstärken

Ein Beispiel: Die Schüler arbeiten leise, der Verstärker wird verteilt (z. B. eine Süßigkeit oder Token) bzw. Lob und Anerkennung werden gegeben. Im weiteren Verlauf des Verstärkungsprozesses sollte intermittierend verstärkt werden, das heißt in unterschiedlichen Zeitabständen, um die Verstärkung besonders wirksam zu gestalten.

Später nur noch hin und wieder verstärken

Um die Ecke gedacht

Manchmal wenden wir die positive Verstärkung, ohne groß darüber nachzudenken, in Situationen an, in denen wir damit unfreiwillig negatives Verhalten verstärken. Ein Beispiel: Eigentlich wünschen sich die meisten Lehrer, dass sich ihre Schüler melden, bevor sie einen Beitrag zum Unterrichtsgeschehen leisten. Es gibt jedoch Gelegenheiten, bei denen auch Beiträge entgegengenommen werden, wenn sie ohne Meldung reingerufen werden, weil man sie dankbar annimmt. Wenn die ganze Klasse in der letzten Stunde des Tages träge im Klassenzimmer sitzt und einer sich doch noch motiviert, einen Beitrag nach vorne zu rufen oder wenn das Thema gerade so schwer zu erfassen ist, dass man zwischendrin einfach froh ist über jemanden, der etwas dazu sagt. Mit jedem Beitrag, der angenommen wird, wird jedoch das Verhalten „ohne Meldung reinrufen" positiv verstärkt und damit erhöht sich die Wahrscheinlichkeit, dass es wieder auftritt (siehe oben). Diese so genannten intermittierend verstärkten Verhaltensweisen (mal wird die Melderegel eingefordert, mal nicht) wirken besonders nachhaltig, was in diesem Zusammenhang eher unwillkommen ist.

Ein weiteres Beispiel: Bekommt der Störer in der Klasse vielleicht für sein Verhalten die meiste Aufmerksamkeit des Lehrers? Warum sollte er dann damit aufhören? In diesem Fall verstärkt der Lehrer unbewusst/unfreiwillig das Störverhalten des Schülers durch seine Aufmerksamkeit/Zuwendung, was nicht grundsätzlich heißt, dass man sie ihm nicht geben soll. (Tipp 11 bis 19)

❯ Tipp 11 bis 19

TOKEN BEWUSST EINSETZEN

55

Konkrete Verstärker einsetzen

Token sind abstrakte Verstärker

Für Kinder, die eine sofortige Bedürfnisbefriedigung brauchen, um die Verstärkung als lohnenswert und attraktiv zu empfinden, eignen sich konkrete Verstärker, die direkt in die Hand (z. B. Lobkärtchen) oder in den Mund (z. B. Knäckebrot) genommen werden können.

Eine abstraktere Variante des Verstärkens, für die Schüler Weitblick und Geduld, aber auch die Fähigkeit zum Bedürfnisaufschub brauchen, ist der Einsatz von Token. Das bedeutet, dass zur Verstärkung Stempel, Punkte (z. B. Klebepunkte) oder Ähnliches vergeben werden. Wenn ein Schüler eine gewisse Anzahl gesammelt hat, werden sie eingetauscht gegen einen konkreten Verstärker (z. B. Bleistift, Radiergummi, Schokolade, Aufkleber).

Gleich mal ausprobieren

Sehr wichtig beim Einsatz von Token ist, dass die Benutzung und die Verstärkung mit Punkten/Stempeln im Unterrichtsalltag umsetzbar sind. Dauert die Umsetzung zu lange, wird die Klasse nicht still warten, bis alle Schüler verstärkt worden sind. Wählen Sie also am besten zunächst nur eine Sache aus, die Sie verstärken möchten, da es sonst unübersichtlich wird.

Variante 1: Auf Ihrem Lehrerpult liegt immer eine Klassenliste bereit, die eine Spalte für Stempel oder Punkte vorsieht. Haben Sie die Liste und die Punkte/Stempel bei sich, können Sie ohne großen Aufwand und auch mal spontan verstärken.

Variante 2: Eine Verstärkertafel oder Liste liegt/hängt an einem bestimmten Platz im Klassenzimmer. Sie werden merken, dass die Klasse ruhig wird, sobald Sie sich in die Richtung der Verstärkerliste bewegen, um gespannt zu beobachten, was Sie dort machen.

Variante 3: Jeder Schüler hat eine eigene Stempel- oder Punktekarte bei sich im Mäppchen, im Eckspanner oder auf dem Tisch, die zu bestimmten Zeitpunkten (z. B. am Ende des Schultages) der Lehrkraft vorgezeigt und abgestempelt oder bepunktet wird.

SENSIBEL UND BEWUSST NICHT VERSTÄRKEN

56

Es ist schön, wenn es alle Schüler nach der angekündigten Verstärkungsphase schaffen, sich genauso zu benehmen, wie wir es vorgegeben haben. Das wird jedoch nicht immer der Fall sein!

Was tun also, wenn ein Schüler sich nicht so verhalten hat, dass er eine Verstärkung bekommen kann? Erst einmal die simple Antwort: Er bekommt sie nicht. Wobei auch hier Ausnahmen die Regel bestätigen.

Ohne gewünschtes Verhalten keine Verstärkung

Auf den Nichterhalt des Verstärkers wird allerdings nicht jeder Schüler mit Gleichmut oder Reue reagieren. Je nach Temperament, familiären Erfahrungen und Prägungen wird die Reaktion sehr unterschiedlich sein. Der eine wird gekränkt sein und seine Kränkung mit gespielter Coolness und Unabhängigkeit überspielen. Er wird vielleicht sogar äußern, dass er auf die Verstärkung sowieso keinen Wert legt.

Schüler reagieren unterschiedlich auf Nichterhalt des Verstärkers

Ein anderer wird sich selbst innerlich niedermachen, weil er in seinen Augen „wieder mal versagt" hat. Er wird sich – vielleicht leise – vor der Klasse schämen. Der Nächste kommt mit dem Nichterreichen der Verstärkung überhaupt nicht klar. Er bekommt einen Wutanfall und strengt sich nicht mehr an.

Damit all diese unangenehmen Erfahrungen und Gefühle gar nicht aufkommen müssen, stellt sich die Frage: Wie kann diese Phase sensibel gestaltet werden? Es soll ja nicht das Selbstwertgefühl des Schülers beschädigt, sondern ein Lernvorgang bei ihm in Gang gesetzt werden! Und Lernen erfolgt eben nur in angstfreier und sicherer Atmosphäre.

Welche Voraussetzungen erleichtern das Nichterreichen der Verstärkung?

▶Tipp 34

Drei Komponenten sind hier wichtig:

1. Sichere Bindung (Tipp 34)

So muss der Schüler nicht fürchten, dass er aufgrund seines Nichterreichens nicht mehr gemocht wird. Liebesentzug ist für manche unserer Schüler leider nicht unbekannt.

2. Verstärkung in Bezug auf Verhalten

Wenn er dieses Verhalten oder die Leistung nicht schafft, bekommt er zwar keine Verstärkung, kann sich aber weiter auf die Beziehung zur Lehrkraft verlassen. Es gibt einen neuen Versuch. Er wird wieder die Chance bekommen, dieses Verhalten erfolgreich zu zeigen.

3. Transparenz

Warum nicht verstärkt worden ist, welches Verhalten nicht wunschgemäß verlief: Das sollte je nach Schüler und Situation vielleicht nicht vor der ganzen Klasse angesprochen werden, um den Jugendlichen nicht zu blamieren. Dagegen schafft die Aussicht auf die nächste Gelegenheit, bei der dieser Schüler das erwünschte Verhalten zeigen kann, Transparenz.

Auf die Attraktivität von Verstärkern achten

57

Voraussetzung dafür, dass Verstärkung durch den Einsatz von Token und Belohnungen funktioniert, ist die Attraktivität der Belohnungen und der Verstärker, für die die Token eingetauscht werden können. Andernfalls ist für das Gehirn die positive Konsequenz, die auf das erwünschte gezeigte

Verhalten folgt, nicht lohnenswert genug für die „Anstrengung".

Was ist für das Gehirn lohnenswert genug?

Die Attraktivität ist dabei abhängig von Alter und Entwicklungsstand der Schüler.

Wir müssen unsere Schüler also so gut kennen, dass wir die Belohnungen passend gestalten können.

Hier ist eine differenzierte individuelle Auswahl möglich und auch nötig!

Eine individuelle Auswahl ist möglich und nötig

- In einer fünften Klasse sammeln die Schüler möglicherweise mit Begeisterung Fußballsticker oder Sammelkarten, worüber Achtklässler nur noch müde lächeln würden. Die wiederum freuen sich über eine Duschgel-Probe.
- In einer Klasse fahren gerade alle auf die Figuren angesagter Videospiele ab. Sie brennen darauf, ihre Punkte für Radiergummis, Taschentücher, Bleistifte, Lineale mit ihren aktuellen Helden einzutauschen.
- In einer anderen Klasse lieben die Schüler Müsli- oder Schokoriegel, auf die sie voller Leidenschaft ihre Punkte sparen.
- Es gibt auch Klassen, in denen die Jungen (statt wie früher an ihren Mofas) in ihrer Freizeit an ihren PCs herumschrauben. Ihnen kann man keinen größeren Gefallen tun, als ausrangierte Elektrogeräte zum Tausch gegen die gesammelten Token anzubieten.
- Vielleicht kann man viele Mädchen- und manche Jungenherzen in den Klassen mit Kosmetikproben höher schlagen lassen.
- Gerade in der sechsten und siebten Jahrgangsstufe, wenn die Pubertät bei den einen schon in voller Blüte ist, während andere noch im Kopf in ihren Kinderzimmern spielen, müssen die Entwicklungsstände genau betrachtet und berücksichtigt werden.

Achtung!

Neben Alter und Entwicklungsstand müssen wir noch weitere Besonderheiten bei der Auswahl der Belohnungen berücksichtigen:

Einem Schüler mit Nussallergie darf ich keinen Erdnuss-Schokoladenriegel oder Nuss-Müsliriegel schenken, andernfalls würde ich seine Gesundheit gefährden.

Ein streng muslimischer Schüler wird möglicherweise die Gummibärchen, durch die er belohnt werden soll, wegen der enthaltenen Gelatine nicht verspeisen und sich deshalb nicht über die Belohnung freuen.

> Tipp 11

Auch hier gilt: Je mehr ich über meine Schüler weiß (Tipp 11), desto besser kann ich die Rahmenbedingungen an sie anpassen.

Um die Ecke gedacht

Es muss nicht immer Geld kosten, eine Verstärkung anzubieten. Sowohl den Elektroschrott als auch die Kosmetikproben kann man umsonst ergattern.

Aber auch andere kostenlose Möglichkeiten bieten sich im schulischen Rahmen an:

- Tausch gegen einen Hausaufgabengutschein, bei dem eine Hausaufgabe erlassen oder verkürzt wird,
- Erlaubnis zum Ausführen einer Sonderaufgabe, z. B. am PC,
- 15 Minuten Lesezeit oder leise Spielzeit in einer passenden Stunde (z. B. Freiarbeit oder Wochenplanarbeit).

Gleich mal ausprobieren

Die Stiftung Lesen bietet für Schulen das Leseprojekt „Zeitschriften in den Schulen" an. Nach der Durchführung des Projekts können die Zeitschriften an die Schüler als Belohnungen ausgegeben werden.

Darüber hinaus sind Comics und Zeitschriften auf Flohmärkten günstig zu erwerben und eignen sich gut als preisgünstige Belohnungen.

Hausaufgabenfrei – so geht's!

Du brauchst am Freitag fünf Smileys ☺ ☺ ☺ ☺ ☺,
damit du am Wochenende keine Hausaufgabe bekommst.
Und so geht es:
Du bekommst jeden Tag ein Gesicht in dein Hausaufgabenheft:

☺ = alle Hausaufgaben vollständig gemacht
☺ = Hausaufgabe unvollständig gemacht
☹ = Hausaufgabe nicht gemacht
→ 2 ☺ zählen wie ein ☺.
   Sonderregelung: Solltest du mit einem guten Grund ein ☺
   bekommen, kannst du die Arbeit nachholen und damit doch
   noch ein ☺ bekommen.
→ Den fünften ☺ bekommst du, wenn du am Montag in der
   Frühe deine Schulsachen in Ordnung bringst.
→ Wenn du weniger als fünf Smileys hast, bestimmt die Anzahl,
   wie viel Hausaufgaben du übers Wochenende bekommst.

KLASSENVERSTÄRKER UND EINZELVERSTÄRKER UNTERSCHEIDEN

58

Tokensysteme können für jeden einzelnen Schüler eingesetzt werden, aber auch für die Klasse als Ganzes. Der Unterschied besteht darin, dass nicht jeder Schüler für sich
selbst sammelt, sondern die ganze Klasse an einem gemeinsamen Ziel arbeitet, um sich einen Klassenverstärker zu ver-
dienen. Das klappt allerdings nur,
- wenn der Verstärker wirklich für die ganze Klasse so reizvoll ist, dass sich alle dafür anstrengen wollen,
- und wenn die Schüler in der Lage sind, von sich als Einzel-
  person abzusehen und auf die Gemeinschaft zu blicken,
  wofür eine gewisse soziale Reife und Kompetenz Voraussetzungen sind.

Gleich mal ausprobieren

Spitzen Sie mal Ihre Ohren, was in Ihrer Klasse gerade hoch
im Kurs ist! Vielleicht bekommen Sie eine Idee für einen fan-
tastischen Verstärker, auf den Ihre Klasse mit Freude hinarbeiten wird!

Um die Ecke gedacht

Der Sinn von Klassenverstärkern ist es, dass die Klasse zusammen auf ein Ziel hinarbeitet und sich dabei gegenseitig unterstützt und sich daran erinnert. Wenn der soziale Druck auf Schüler, die sich beim Erreichen des Ziels schwertun, zu groß oder destruktiv wird, sollten Sie die Klassenverstärkung unbedingt überdenken!

KLASSENVERSTÄRKER UND -BELOHNUNGEN EINSETZEN

59

Verstärker und Belohnungen können für einzelne Schüler oder für die ganze Klasse ausgesprochen und dann mit allen Schülern gestaltet werden. So wird gleichzeitig noch die Klassengemeinschaft gestärkt.

Beispiele für Klassenverstärker können sein:

- ein gemeinsames Frühstück, bei dem jeder Schüler einen kleinen Beitrag mitbringt (Käse, Butter, Gurke oder Ähnliches) und die Lehrkraft sich z. B. um die Versorgung mit Semmeln/Brezen/Brot kümmert,
- die Gestaltung einer Spielstunde mit einer Scharade (Pantomime-Spiel) oder Activity ...

Auch gemeinsame Aktivitäten außerhalb des Klassenzimmers sind möglich:

- eine Suche nach Mister X,
- eine Schnitzeljagd,
- ein Spaziergang zum nächsten Spielplatz,
- ein Picknick im Botanischen Garten / an den Flussauen,
- ein Kinobesuch,
- ein Schwimmbadbesuch (wobei hier die rechtlichen Vorgaben des jeweiligen Bundeslandes zu beachten sind),
- ein Zoobesuch.

Um die Ecke gedacht

Diese Art der Belohnung ist nicht nur für die Schüler ein Gewinn, sie bietet auch Ihnen die Gelegenheit, eine positive und schöne Zeit ohne den Druck von Lernstoff mit Ihrer Klasse zu verbringen. Was bei diesen Gelegenheiten an sozialem Lernen (neben dem mündlichen Sprachgebrauch) stattfindet, ist beachtlich! Und schafft für Sie wiederum viele Möglichkeiten, die Beziehung zu Ihren Schülern positiv zu gestalten. (Tipp 11 und 34)

❯ Tipp 11, 34

MIT DEM ZIEL DER WOCHE SCHÜLERSELBSTSTEUERUNG FÖRDERN

60

Ein Ziel der Woche bietet sich an, wenn damit eine Klasse während einer ganzen Woche angespornt werden soll, kräftig auf einen Klassenverstärker hinzuarbeiten.
Dies kann so aussehen:

Das Ziel passend aussuchen und sichtbar machen

- Man sucht sich für jede Woche ein Ziel, auf das mit der Klasse hingearbeitet wird.
- Dieses Ziel wird im Klassenzimmer sichtbar aufgehängt.
- Wichtig ist, dass das Ziel jeweils konkret beschrieben wird →
  - Wie sieht es z.B. genau aus, wenn wir uns leise im Schulhaus bewegen?
  - Was hört man?
  - Was sieht man?
- Das Ziel wird zu einem passenden Zeitpunkt überprüft und mit den Schülern gemeinsam reflektiert: Wurde das Ziel erreicht? Dann bekommt die Klasse ihr Token.
- Das Token kann in verschiedenen Varianten vergeben werden, z. B. als Puzzleteil. Aus mehreren dieser Teile entsteht am Ende ein Bild der Belohnung. Dies kann als Überraschung bis zum Schluss offen und spannend bleiben. Es kann aber auch im Vorfeld mit den Schülern vereinbart werden, was als Verstärker eingesetzt wird. Das Schöne an dieser Variante ist, dass für die Schüler ein sichtbares Bild

Token in Varianten vergeben

entsteht, das im Klassenzimmer aufgehängt werden kann. So ist der Erfolg für die Klasse jederzeit sichtbar. Auch das Sammeln von Murmeln oder Muggelsteinen als Token in einem Glasgefäß ist ein schöner Anblick!

Gleich mal ausprobieren

Suchen Sie sich ein Ziel aus, an dem Sie mit ihrer Klasse arbeiten wollen. Beispiele hierfür könnten sein „Wir bewegen uns leise im Schulhaus", „Wir grüßen uns freundlich", „Wir halten Ordnung in unserer Garderobe". Der Kreativität im Erstellen von Zielen sind keine Grenzen gesetzt! Das gilt auch für die Auswahl des Verstärkers! Natürlich kann es ein Ziel der Woche auch für jeden Schüler individuell geben.

Zur Unterstützung können Sie Formulare wie das folgende erstellen, laminieren und als einzelne Zettel (eventuell für jeden Wochentag) auf die Schülertische kleben. Das jeweilige Ziel wird darauf notiert.

Daran arbeite ich:	Daran arbeite ich:

Daran arbeite ich:	Daran arbeite ich:

Und so könnte der Text auf den Tischschildern aussehen:

Schüler 1:
Ich melde mich, wenn ich etwas sagen will.

Schülerinnen 2, 3, 4:
Ich melde mich mindestens 2-mal in jeder Stunde.

Schülerin 5:
Ich schreibe ordentlich.

Schüler 6:
Ich melde mich, wenn es zum Thema passt.

Schüler 7:
Auf meinem Tisch liegen nur die Dinge, die ich gerade brauche.

Schülerin 8:
Ich fasse mich kurz.

Um die Ecke gedacht

Um ein Verhalten wirkungsvoll zu verstärken, sollten Sie unbedingt auf die Überprüfbarkeit des Ziels achten! Wenn Sie z. B. das Ziel „Wir bewegen uns leise durchs Schulhaus" wählen, sollten Sie Ihre Klasse auf Wegen durchs Schulhaus begleiten, um im Reflexionsprozess Ihre – zum Teil korrigierende Wahrnehmung – einfließen lassen zu können.

Achtung!

Achten Sie auf eine positive Formulierung der Ziele, denn unser Gehirn kann NICHT-Anweisungen NICHT verarbeiten. Es wird somit das Nein überlesen oder überhören und das unerwünschte Verhalten bleibt im Bewusstsein hängen. Wandeln Sie also „Ich rufe *nicht* rein!" um in „Ich melde mich!".

61

Auf Schüler achten, die den Verstärker nicht attraktiv finden

Es klingt sehr harmonisch, wenn die ganze Klasse auf ein gemeinsames Ziel (= Verstärker) hinarbeitet und oft gelingt das auch, wenn der Verstärker für die Klasse lohnenswert ist. Möglicherweise gibt es jedoch in Ihrer Klasse einen Schüler, der den Verstärker nicht attraktiv findet. Er könnte sich dennoch im Klassenverband unauffällig einfügen, falls er eine hohe soziale Kompetenz hätte. Dem Erreichen des Ziels für die Klasse stünde also nichts im Wege.

Wenn sich dieser eine Schüler allerdings nicht unauffällig verhält, sondern das Erreichen des Ziels durch sein Verhalten gefährdet, sollten Sie sich einige Fragen stellen:

- Was genau ist der Grund für sein Verhalten?
- Ist es allein die Attraktivität bzw. Unattraktivität des Verstärkers?
- Oder hat der Schüler gerade vielleicht privat oder in der Schule so große Probleme, dass das Erreichen des Ziels momentan einfach nicht wichtig ist für ihn?
- Sendet er durch sein Verhalten einen Hilferuf?

Einzelne aus dem Klassenziel herausnehmen

Zum Glück gibt es die Möglichkeit, einen einzelnen Schüler aus dem Erreichen des Ziels herauszunehmen, ohne dass er sich ausgeschlossen fühlen muss. Das klingt erst einmal paradox, ist es aber beim genauen Betrachten nicht.

Suchen Sie mit diesem Schüler das Gespräch. Versuchen Sie herauszufinden, was ihn antreibt. Erklären Sie ihm verständlich und offen, wie Sie die Sache sehen: Er verhindert das Erreichen des Klassenziels und seine Mitschüler – und Sie auch – verstehen es nicht. Er zieht dadurch mit hoher Wahrscheinlichkeit den Ärger der Mitschüler auf sich.

Zu seinem eigenen Schutz kann er nun aus dem Erreichen des Ziels herausgenommen werden. Er kann dann zwar bei der Durchführung des Verstärkers nicht dabei sein, aber vielleicht wäre ihm das momentan ohnehin zu viel. Soziale Entlastung wirkt manchmal Wunder!

Wie gesagt: Es sollte auf keinen Fall beim Schüler der Eindruck entstehen, dass er nicht mehr dazu gehört! Halten Sie die Bindung bewusst und betont aufrecht! Sie könnten mit ihm für dasselbe Verhalten auf einen Einzelverstärker wechseln. An dieser Stelle ist Transparenz vor der Klasse nötig. Oder aber Sie wenden die Vorschläge aus Tipp 62 an.

❯ Tipp 62

Um die Ecke gedacht

> Was tun, wenn eine ganze Schülergruppe das Ziel boykottiert? Dann sollte unbedingt die Attraktivität des Verstärkers überdacht werden! Die Schüler können einbezogen werden und mögliche Vorschläge bringen. Aber Achtung: Es sollte immer klar sein, dass am Ende SIE die Entscheidung darüber treffen, wie die Verstärkung aussieht. Wenn Sie den Eindruck haben, dass diese Gruppe das noch nicht verstanden hat, sollten Sie lieber zur Einzelverstärkung wechseln. Denn die Klasse ist möglicherweise noch nicht bereit für eine Klassenverstärkung.
>
> Wir können auch Schüler in Partner- oder Kleingruppen für das Erreichen eines gemeinsamen Ziels verstärken, so dass die Schüler gegenseitig für sich eine Tutorenrolle übernehmen können. Dies wäre ein Zwischenschritt zwischen Einzelverstärkung und Klassenverstärkung.

Zum Reflektieren über Fehlverhalten verlocken

62

Eine Reflexion ist sowohl bei der Einzelverstärkung als auch bei der Klassenverstärkung wichtig, weil es ermöglicht, auch bei „Fehlverhalten" positiv zu verstärken, wenn über das Fehlverhalten angemessen reflektiert wird (Tipp 61).

❯ Tipp 61

Konkret kann das z. B. so aussehen, dass über das Verhalten bei einem Schulausflug gesprochen wird. Man könnte bei diesem Beispiel den Ausflug aufteilen in Hinweg, Aufenthalt und Rückweg. Der Vorteil liegt darin, dass für jede Phase eine positive Verstärkung stattfinden kann, unabhängig davon, wie die anderen Phasen abgelaufen sind.

Den Reflexionsgegenstand aufteilen

Angenommen, es hätte sich ein Schüler auf dem Heimweg in der Straßenbahn anders benommen, als die Lehrkraft es von ihm erwarten würde: Wenn dieser Schüler sein Fehlverhalten klar benennen kann und einen realistischen Plan äußert, wie er diese Situation beim nächsten Mal konkret gestalten möchte, ist auch für ihn eine Verstärkung drin, und zwar für die treffende und aussichtsreiche Reflexion.

Verstärkung für Reflexion

Im konkreten Fall könnte sein Vorschlag z. B. so aussehen, dass er sich auf dem nächsten Heimweg in der Nähe der Lehrkraft aufhält oder sich von bestimmten Schülern, die ihn zum Fehlverhalten animieren, fernhält.

Gleich mal ausprobieren

Reflektieren Sie auf diese Art und Weise mit einem Schüler, der sich unangemessen verhalten hat. Am besten machen Sie es unter vier Augen, da sonst der Gesichtsverlust vor der Klasse einer konstruktiven Reflexion im Weg stehen könnte. Wichtig: Schmieden Sie das Eisen, wenn es kalt ist! Wenn Sie sich sehr geärgert haben, lassen Sie etwas Zeit vergehen, ehe Sie mit dem Schüler reflektieren. Ansonsten verhindern vielleicht Ihr Ärger oder des Schülers Trotz oder Angst eine konstruktive Reflexion.

Um die Ecke gedacht

Das eigene Fehlverhalten anzuschauen und zu benennen, erfordert Mut! Für manche Schüler ist das Reflektieren zu Beginn des Reflexionsprozesses bedrohlich, weil sie Angst vor den Konsequenzen oder vor der Verletzung ihres Selbstwertgefühls haben. Sie „machen dicht". Besonders diese Schüler brauchen es, dass man sie ermuntert, über Fehlverhalten nachzudenken und Änderungsideen im Sinne von Verhaltensalternativen zu entwickeln. Dieser Mut darf gerne verstärkt werden!

Gleich mal ausprobieren!

Eine mögliche Vorlage für die schriftliche Reflexion über Fehlverhalten könnte so aussehen:

Störungsprotokoll

von _____ am _____

1. Wie hast du den Unterricht gestört?
_____
_____

2. Was passierte dann?
_____
_____

3. Was willst du mit deiner Störung bewirken?
_____
_____

4. Wie haben deine Mitschüler/innen auf deine Störung reagiert?
_____
_____

5. Wie hat dein Lehrer / deine Lehrerin reagiert?
_____
_____

6. Wie fühlst du dich jetzt?
_____
_____

7. Was wird von dir im Unterricht erwartet?
_____
_____

8. Was ist deine persönliche Meinung zu deiner Unterrichts-
störung?
_____
_____

9. Was willst du jetzt tun?
_____
_____

10. Was meinst du, denkt dein Lehrer / deine Lehrerin über dich?
_____
_____

Die Antworten „Ich weiß nicht" oder „Nichts" sind bei keiner
Frage erlaubt.

VERTRÄGE VEREINBAREN

63

Mit einzelnen Schülern kann über das gewünschte Verhalten und den vereinbarten Verstärker ein Vertrag geschlossen werden.

Das gewünschte Verhalten und die genauen Bedingungen, die zum Erreichen des Verstärkers erfüllt werden müssen, sollten Sie möglichst konkret beschreiben und festhalten.

Konkret beschreiben

Diese werden mit den Unterschriften der Lehrkraft und des Schülers besiegelt. Der Schüler verpflichtet sich zur Einhaltung der Bedingungen und die Lehrkraft überprüft mit dem Schüler in regelmäßigen Abständen, wie die Umsetzung des Vertrages klappt. Dies gibt der Arbeit am Verhalten eine hoch offizielle und gewichtige Komponente.

Bedingungen festhalten

Eine Variante fürs Klassenzimmer wäre es, die Klassenregeln von allen Schülern der Klasse unterschreiben zu lassen und im Klassenzimmer sichtbar aufzuhängen.

Unterschreiben

Außerdem besteht die Möglichkeit, mit allen Schülern der Schule einen Vertrag zu schließen, nachdem z. B. gemeinsam eine Schulverfassung erarbeitet wurde. Auf dieser unterschreiben dann alle Schüler und die Vereinbarung hängt für alle sichtbar im Schulhaus.

Gleich mal ausprobieren

Nach Lernentwicklungsgesprächen wird häufig ein Ziel vereinbart, an dem der Schüler im zweiten Halbjahr des Schuljahres arbeiten soll. Auch dieses bekommt mit den Unterschriften der Lehrkraft und des Schülers ein besonderes Gewicht.

DIE GANZE SCHULE VERSTÄRKEN

64

Neben der Einzelverstärkung und der Klassenverstärkung gibt es noch eine weitere Möglichkeit: Verstärkung in einem größeren Kontext – vielleicht im Rahmen der Schulentwicklung – durch das Aufstellen von Schulzielen.

Hierbei ist es hilfreich und gut, wenn es ein Team von Verantwortlichen gibt, das sich um die Erstellung der Ziele, die Pflege der Visualisierung im Schulhaus in Kombination mit einer Informationswand und die Organisation der Verstärker kümmert.

Schulziele aufstellen

Team von Verantwortlichen bilden

Die Ziele werden als Oberbegriffe vorgegeben, z. B. Höflichkeit, Hilfsbereitschaft, Sauberkeit, Ruhe – was auch immer Ihnen an Ihrer Schule wichtig ist.

Jede Klasse formuliert für sich unter dem jeweiligen Oberbegriff ein konkretes Ziel, z. B. Höflichkeit: Wir begrüßen uns jeden Morgen mit dem Gruß „Guten Morgen" und dem Handschlag.

Unter den Oberbegriffen neue Ziele festlegen

Das Ziel kann klassenintern für einen bestimmten Zeitraum beibehalten oder es können unter dem Oberziel (bei dem Beispiel war es „Höflichkeit") wöchentlich neue Ziele formuliert werden (Tipp 60).

❯ Tipp 60

Es sollte ein fester Zeitraum für die Erarbeitung des Ziels festgelegt werden, etwa der Zeitraum zwischen zwei Ferien, um in der Woche vor den Ferien für das Erreichen des Ziels noch die jeweilige Verstärkung durchführen zu können. Mögliche Verstärker können sein:

Zeitraum festlegen

- ein gesundes Schulfrühstück, bei dem ein Buffet aufgebaut wird, zu dem jede Klasse einen Beitrag leistet,
- ein Fußballturnier für die Schule oder ein anderes sportliches Ereignis,
- Schulkino in der Turnhalle.

Um die Ecke gedacht

Schulziele können das Gemeinschaftsgefühl in der Schule stärken. Alle Klassen arbeiten gleichzeitig an ähnlichen Zielen unter demselben Oberziel und freuen sich beim Erreichen über die Teilnahme an der Verstärkung. Wichtig hierbei ist eine strukturierte Durchführung, um einen möglichst reibungslosen Ablauf zu sichern.

65 ZEITLICH NAH BELOHNEN UND VERSTÄRKEN

Zeitliche Verknüpfung für das Gehirn wichtig

Belohnung ankündigen

Um Belohnungen für eine Leistung oder ein Verhalten möglichst nachhaltig und effektiv wirken zu lassen, sollte die zeitliche Verknüpfung für das Gehirn stattfinden.

Wenn es aus irgendeinem Grund einmal nicht möglich sein sollte, prompt zu belohnen, kann die Belohnung zumindest schon angekündigt und in Aussicht gestellt werden, um den Lernerfolg zu sichern.

Um die Ecke gedacht

Warten Sie nicht zu lange mit der Belohnung! Die Energie, Begeisterung und der Stolz sind am größten in dem Moment, in dem der Schüler sein Ziel erreicht hat!

66 JE NACH ERREICHBARKEIT EINES VERHALTENS BELOHNEN

Belohnungen anpassen

Je nach Entwicklungsstand belohnen

Je nach Lernerfolg belohnen

So unterschiedlich die Schüler in Ihrer Klasse sind, so verschieden werden auch ihre Möglichkeiten sein, ein und dasselbe Ziel (Leistung oder Verhalten) zu erreichen.

Es ist daher wichtig, die Belohnungen anzupassen. Dies kann zum einen dadurch geschehen, dass die Schüler für die unterschiedlichen Verhaltensweisen bzw. die jeweiligen Lernerfolge individuell und je nach Entwicklungsstand belohnt werden. Was bedeutet: Alle bekommen dieselbe Belohnung für ihren individuellen Erfolg.

Oder die Belohnungen unterscheiden sich in ihrer „Größe", je nach Lernerfolg.

Ein Beispiel:

Wenn man in Mathematik die Erledigung der Aufgaben belohnt, könnte dies pro Aufgabe geschehen. Achtung bei dieser Variante: Die Belohnung sollte für alle ansprechend und motivierend sein und nicht demotivierend durch die Bewertung der Quantität.

Um die Ecke gedacht

Achten Sie darauf, dass die Belohnungen bei den Mitschülern keinen Neid auslösen! Belohnungen müssen möglichst gerecht und transparent erfolgen!

POSITIVE NEBENWIRKUNGEN VON BELOHNUNGEN SEHEN

67

Wenn einzelne Schüler belohnt werden, kann das immer auch den Effekt des Modell-Lernens (Tipp 9) haben.
Sie belohnen somit nicht nur das Verhalten oder die Leistung des einen Schülers, sondern machen damit auch in Folgesituationen das gezeigte Verhalten attraktiv, wodurch sich die Wahrscheinlichkeit erhöht, dass dieses Verhalten auftritt. Alle Schüler, die die Belohnungssituation miterleben, lernen stellvertretend mit, dass das gezeigte Verhalten positive Konsequenzen mit sich bringt für den Schüler, der das Verhalten zeigt.

❯ Tipp 9
An das Modell-Lernen denken

Um die Ecke gedacht

Neben der Attraktivität der Belohnungen dürfen wir auch das damit einhergehende Ansehen des Belohnten nicht übersehen!

VERSPRECHEN HALTEN

68

Wenn Belohnungen versprochen oder in Aussicht gestellt werden, ist es wichtig, dass die Einlösung der Belohnung auf jeden Fall erfolgt, da sonst für die Zukunft das Vertrauen in die belohnende Person/Lehrkraft geschädigt wird.
Verbindlichkeit schafft Vertrauen und Vertrauen ist die Grundlage für eine sichere Bindung (Tipp 34).

❯ Tipp 34

Nur auf der Grundlage einer sicheren Bindung kann Lernen überhaupt stattfinden!

Achtung!

Wir sind alle nur Menschen und somit vergesslich. Wer von sich selbst weiß, dass er dazu neigt, die Dinge aus dem Auge zu verlieren, kann sich durch eine kurze Notiz in einer besonderen Farbe, durch Markierung oder durch Klebezettel in seinem Terminkalender/Wochenplan an Versprochenes erinnern.

RITUALE EINFÜHREN

69

Wir sind Gewohnheitstiere

Im Gehirn entstehen
Trampelpfade

Chance nutzen

Wir Menschen sind Gewohnheitstiere und beschreiten gerne die bekannten und vertrauten Wege. Beim Erlernen neuer Abläufe erhalten wir deshalb von Schülerseite häufig Meldungen wie „Aber bei Frau xy lief das immer soundso!", „Aber bei Herrn yz haben wir das immer soundso gemacht!" Ja, vertraute Rituale geben Sicherheit!

Neurobiologisch gesehen, können wir uns das Gehirn wie eine Wiese vorstellen. Wenn wir über diese Wiese laufen, entsteht ein kleiner Trampelpfad. Wenn das Gras sich wieder aufrichtet, verschwindet die Spur. Damit ein echter Trampelpfad entsteht, muss der Weg viele, viele Male beschritten werden.

Mit diesem Bild können wir den Vorgang des Erlernens neuer Rituale oder Arbeitstechniken vergleichen. Und der Schritt vom Trampelpfad, der erst noch gespurt werden muss, zurück auf eine breite (vertraute) Autobahn ist verlockend! Aber auch neue Wege und Möglichkeiten dürfen und sollen ja entstehen!

Daher sollten wir die Chance nutzen und bestimmte Phasen im Laufe des Schuljahres bewusst wertschätzend und nachhaltig gestalten.

Um die Ecke gedacht

> Es ist immer leichter, einen Trampelpfad ganz neu zu spuren, wenn noch keine Autobahn daneben ist, sprich: ein neues Schulfach, eine völlig neue Arbeitstechnik oder eben ein wertschätzendes Ritual einzuführen. So können wir alles neu anbahnen. Wenn wir Abläufe nur ändern wollen, müssen wir damit rechnen, dass es bei einigen Schülern etwas länger dauert. Aber Dranbleiben lohnt sich!
> Unser Handwerkszeug: Durch authentische Wertschätzung des passenden Verhaltens einen neuen Trampelpfad spuren!

ANFÄNGE BEWUSST GESTALTEN

70

Anfänge gibt es viele in der Schule: den allerersten Schultag, den Anfang des Schuljahres, die erste Stunde des Tages, der erste Tag der Woche, die erste Stunde nach den Ferien, nach der Pause, nach einer Phase der Krankheit und viele Gelegenheiten mehr.

All diese Anfänge können wir mit mehr oder weniger großer Mühe bewusst wertschätzend gestalten.

Schuljahresanfang, Anfang des Tages, der Stunde usw.

Einige Beispiele:
Zu Beginn des Schuljahres können wir unseren neuen (oder alten) Schülern eine Kleinigkeit mitbringen, die geeignet ist, eine gute, zuversichtliche Stimmung auszulösen, z.B. ein Lesezeichen mit einem aufmunternden Spruch, Muscheln oder Steine, die wir aus dem Urlaub mitgebracht und vielleicht sogar mit einem kleinen Willkommensgruß versehen haben, oder andere, preiswerte Mitbringsel.

Was den Beginn eines Tages oder einer Stunde betrifft, können wir einführen, dass jeder Schüler diesen mal gestalten darf und dadurch Wertschätzung erfährt (Tipp 71).

❯ Tipp 71

Wenn ein Schüler nach einer Erkrankung zum ersten Mal wieder die Schule besucht, sollte er das Gefühl haben, herzlich willkommen zu sein – selbst dann, wenn wir den Verdacht hegen, dass seine Erkrankung keine echte war.

Achtung!

Manchmal werden Schüler nach einer Erkrankung einzig und allein damit begrüßt, dass sie nun dringend die versäumten Tests nachholen müssen. Wertschätzung geht anders! Versuchen Sie – trotz aller Zwänge – daran zu denken. Stellen Sie sich bitte vor: Wie würden Sie oder Ihr Kind denn nach einer Phase der Krankheit gerne empfangen werden?

WERTSCHÄTZENDE WILLKOMMENSRITUALE PFLEGEN

71

Jeden Morgen klingelt unser Wecker, wir stehen auf, erledigen unsere Morgenrituale und machen uns schließlich auf den Weg in die Schule

Auch dort haben wir Morgenrituale, wie die Tasse Kaffee im Lehrerzimmer, das Gespräch mit der Kollegin im Klassenzimmer nebenan, das Kopieren von Arbeitsmaterial, das Aufhängen des Tagesplans, das Lüften des Klassenzimmers oder ähnliche vertraute Gewohnheiten.

Und irgendwann ist es dann so weit – unsere Schüler kommen im Klassenzimmer an.

Wie würden wir an ihrer Stelle gerne begrüßt werden? Wie möchten wir selbst von den Schülern gerne begrüßt werden?

Auch unsere Schüler haben einen Morgen vor der Schule hinter sich – vielleicht allein daheim, weil Mama heute Nachtschicht hat, vielleicht mit Stress zwischen den Eltern und/oder mit den Geschwistern, mit Frühstück oder ohne, mit erledigten Hausaufgaben oder ohne, mit vollständigem

Arbeitsmaterial oder ohne. Welches Gefühl haben sie wohl im Bauch? In welcher Stimmung kommen sie zu uns?

Eine wertschätzende Art der Begrüßung kann so gut tun! Aber wir können uns nicht darauf verlassen, dass unsere Schützlinge daheim gelernt haben, wie man sich höflich und freundlich begrüßt. Deshalb können wir die Chance nutzen, hier einen neuen Trampelpfad anzulegen (Tipp 69 und 70).

❯ Tipp 69, 70

Gleich mal ausprobieren

Überlegen Sie, was Ihnen wichtig ist, und erarbeiten Sie mit Ihren Schülern, wie Sie sich die Begrüßung in der Frühe vorstellen! Mit Handschlag? Mit Blickkontakt? Mit einem Guten-Morgen-Gruß? Das erarbeitete Verhalten können Sie mit der Klasse einführen und für jeden Schüler einzeln oder für die ganze Klasse verstärken!

Um die Ecke gedacht

Ein wertschätzendes Begrüßungsritual könnte auch eine Morgenrunde sein, bei der zu Beginn des Schultages jeder Schüler eine Aussage über seine emotionale Befindlichkeit trifft. Dies kann in mündlicher Form geschehen – nur der Lehrkraft gegenüber oder im Rahmen der ganzen Klasse – oder mit Hilfe einer Namensklammer, die an einem Gefühlsbarometer oder an einer Gefühlsuhr befestigt wird. Dort stehen verschiedene Gefühle in Verbindung mit Piktogrammen oder Emojis, denen sich die Schüler und die Lehrkraft zuordnen können.

Die Gefühle können auch wie eine Wolke dargestellt werden, auf denen die Grundgefühle wie bei der Wetterkarte abzulesen sind: Sonne bedeutet Freude, Regen Traurigkeit, Blitze Wut und Nebel Angst. Ihrer Fantasie für die Gestaltung eines Gefühlsbarometers sind keine Grenzen gesetzt! Es gibt sogar die Möglichkeit, dass sich jeder Schüler nach Ihrer Anleitung ein eigenes Gefühlsbarometer anfertigt.

Achtung: Jeder benutzt nur seine eigene Namensklammer!

72

Auf Geschafftes stolz zurückblicken

Ein Schultag ist geschafft! Eine ganze Woche, das ganze Schuljahr! Jeder einzelne Anlass ist sehr wohl eine Würdigung und Wertschätzung wert!

Gemeinsam können wir stolz auf etwas zurückblicken, das wir geschafft haben. Hier ein paar Beispiele:

Tagesrückblick

Tagesrückblick:

Am Ende des Tages können wir eine schnelle mündliche Abschlussrunde mit unserer Klasse durchführen, in der jeder Schüler auf seinen Schultag zurückblickt. „Was ist mir heute gut gelungen? Ich habe heute in Deutsch besonders schön geschrieben. Ich habe heute in Mathe viele Aufgaben geschafft. Ich habe heute gut mit meinem Partner zusammengearbeitet. Ich habe meinen Dienst gut erledigt."

Es gibt Schüler, denen es schwerfällt, etwas Positives an ihrem Tag zu entdecken, denen es aber sehr leichtfällt, zu sagen, was ihnen nicht gelungen ist. Für sie ist es umso wichtiger, das Augenmerk auf die eigenen Stärken zu lenken! Schrittweise können sie so durch Wertschätzung des eigenen (gelungenen) Verhaltens ein positives Selbstwertgefühl aufbauen. Es kann sein, dass einem Schüler nichts einfällt. Dann ist es hilfreich, wenn Sie im Verlauf des Tages eine Sache mitbekommen haben, die Sie loben können. Manche Schüler wollen selbst das nicht hören!

Eine Variante ist, dass Sie als Lehrkraft das Lob aufschreiben und dies auch ankündigen. Sie behalten es bei sich und der Schüler kann es bei Ihnen abholen, wenn er es möchte.

Wochenreflexion

Wochenreflexion:

Am Ende einer Woche lohnt sich der wertschätzende und gleichzeitig kritische Rückblick auf die Woche: „Was hat gut geklappt? Was können wir nächste Woche besser/anders machen?" Das kann jeder Schüler nur für sich schriftlich tun, was den Vorteil hat, dass er sich etwas aufzuschreiben traut, was er vor der Klasse nicht laut sagen würde. Oder die Lehrkraft sammelt die mündlichen Meldungen der Schüler auf zwei Seiten der Tafel (mit Listen für Positives und Negatives, markiert durch ein lachendes bzw. trauriges Gesicht).

Schuljahresende:

Zum Schuljahresende bilanzieren

Die Schüler schreiben auf Kärtchen, was ihnen in diesem Schuljahr besonders gut gefallen hat, worauf sie stolz sind, was ihnen in Erinnerung geblieben ist. Die Kärtchen werden an der Tafel gesammelt und jeder Schüler darf etwas zu seiner Karte sagen. So können alle nochmal gemeinsam in den schönen Erinnerungen und Momenten des Schuljahres schwelgen.

Um die Ecke gedacht

Nutzen Sie die Reflexionen über Vergangenes, um – in Verbindung mit einem Verstärkersystem – Zielformulierungen zu finden, an denen dann bewusst gearbeitet wird! Die Ziele können individuell auf jeden Schülertisch aufgeklebt oder im Klassenzimmer an einer Seitenwand oder Seitentafel visualisiert werden.

Gleich mal ausprobieren

Regen Sie die Schüler zu einem Rückblick auf die Schulzeit an ihrer Schule an:

Meine Zeit an der _____ **-Schule**

1. Es sind noch _____ Schultage, bis das Schuljahr zu Ende ist.

2. An der _____ -Schule bin ich seit
   _____.

3. Diese Lehrer und Lehrerinnen hatte ich an der
   _____ -Schule:
   _____

4. Gut verstanden habe ich mich mit _____
   _____.

5. Eine schöne Zeit war _____
   _____.

6. Schwer war es für mich _____
   _____.

7. Ein mulmiges Gefühl hatte ich _____
   _____.

8. Ich war traurig _____
   _____.

9. Seit ich an der _____ -Schule bin, hat sich bei mir
   einiges verändert: _____
   _____.

10. Ich bin stolz _____

Wir Lehrer können unseren Schülern zum Ende des Schuljahres auch kleine, persönliche Abschiedsbriefe schreiben.

Ich wünsche dir für deinen weiteren Weg alles Gute. Ich hoffe, du wirst an der ...schule die Möglichkeiten finden, die du dir vorstellst.
Genieße die Sommerferien und erhole dich!
Alles Gute!

Jetzt ist es doch so weit: Unsere Wege trennen sich im kommenden Schuljahr. Wir haben so allerhand zusammen erlebt und trotz mancher Krisen auch die guten Zeiten miteinander genießen können. Ich habe an dir deinen Humor sehr geschätzt und ich bin immer wieder beeindruckt, wie du die Beziehungen zu deinen Freunden pflegst. Ich wünsche dir, dass du auch weiterhin Menschen um dich herum hast, die deinen Einsatz zu schätzen wissen.
Für deinen weiteren Weg wünsche ich dir alles, alles Gute!

Du bist seit einem Schuljahr bei uns an der Schule und ich finde, du hast dieses Jahr einige Fortschritte gemacht. Es freut mich, zu sehen, wie gut du dich mit den Jungs in der Klasse verstehst. Es hat mir viel Spaß gemacht, mit dir zu arbeiten, weil du so selbstständig bist und dich auch durch schwierige Aufgaben durchkämpfst.
Ich wünsche dir auch für das kommende Schuljahr so viele Erfolgserlebnisse, wie du sie dieses Jahr sammeln konntest.
Alles Gute weiterhin!

Du bist seit November in meiner Klasse gewesen und ich habe deine Gesellschaft sehr geschätzt. Du warst ein Ruhepol in der Klasse und du bist für die Jungs eine ganz wichtige weibliche Anlaufadresse. Das merkst du ja auch selbst, oder? ☺ Ich freue mich, dass du in unserer Klasse für dich persönlich so tolle Erfolge erzielen konntest (Noten, regelmäßiger Schulbesuch ...).
Für deinen weiteren Weg wünsche ich dir alles Gute!

Es freut mich zu sehen, wie du in den letzten Jahren und Monaten gewachsen bist. Und damit meine ich nicht deine Körpergröße, sondern dich als Person. Schon im Laufe der Schuljahre habe ich gemerkt, dass dir die besonderen Aktionen gut tun und Spaß machen (Trommel-AG, eislaufen). Und seit du in der Theater-AG bist, hast du auf mich noch selbstbewusster gewirkt. Ich wünsche dir, dass du auch in den kommenden Schuljahren viele tolle Erlebnisse hast, die dich stark machen.
Pass gut auf dich auf!

PERSÖNLICHE RITUALE GESTALTEN

73

Wie wir Lehrer wissen: Rituale werden in den einzelnen Familien sehr unterschiedlich gepflegt – oder eben auch gar nicht.

Hier einige Fragestellungen am Beispiel des Geburtstages, bei dem es darum geht, Wertschätzung dafür zu zeigen, dass das Geburtstagskind auf dieser Welt anwesend ist:

In den Familien wird unterschiedlich mit Ritualen umgegangen

- Wird in der Familien des Schülers an den Geburtstag gedacht?
- Ist Geld für Geschenke da?
- Hat überhaupt jemand Zeit, mit dem Geburtstagskind zu feiern, oder müssen die berufstätigen Eltern arbeiten?
- Darf gefeiert werden (denn die Zeugen Jehovas beispielsweise feiern ihren Geburtstag nicht)?
- Beschränkt sich die Feier auf die Übergabe von materiellen Dingen?
- Wie wird die Freude über die Anwesenheit des Geburtstagskindes auf der Welt ausgedrückt?

Als Lehrer – ob Klassen- oder Fachlehrer – müssen wir uns die Frage stellen, wie wir in der Schule die Geburtstage unserer Schüler wertschätzen/würdigen/feiern wollen.
Wichtig:

- Die Art, wie wir den Tag mit den Schülern begehen, muss zu uns passen! Wir müssen authentisch sein – egal, welche Rituale wir einführen! Manchmal sehen wir bei Kollegen tolle Ideen und Anregungen, die dort auch wunderbar funktionieren. Aber wir müssen selbst herausfinden, was zu uns und zu unserer Klasse passt.
- Der zeitliche oder materielle Aufwand muss machbar für uns und die Klasse sein.

Möglichkeiten, einen Geburtstag durch ein wertschätzendes Ritual zu gestalten:

- Aufhängen eines Geburtstagskalenders im Klassenzimmer,
- dem Geburtstagskind mit Handschlag gratulieren,
- ein Geburtstagsständchen singen,
- dem Geburtstagskind ein kleines Geschenk überreichen,
- einen Kuchen backen – selbst oder abwechselnd mit anderen.

Achtung!

Es gibt Menschen, die nicht gerne im Mittelpunkt stehen. Dies muss respektiert werden. Es kann also durchaus sein, dass man einem bestimmten Kind freundlich gratuliert, aber auf „Feierlichkeiten" verzichtet, wenn klar kommuniziert wird, warum dies so ist. So lernen die Schüler nebenbei, dass Menschen unterschiedlich sind und dass Dinge sehr unterschiedlich bewertet werden können.

Bei besonderen schulischen Aktionen Orientierung geben

74

Besondere schulische Aktionen, wie Ausflug oder Schulland-
heimaufenthalt, benötigen besondere und gut durchdachte
Strukturen, wenn sie reibungslos ablaufen sollen, da von den
Schülern ein hohes Maß an Selbststeuerung erwartet wird.
Diese Gelegenheiten eignen sich sehr gut für den Einsatz
bewusster Verstärkung des erwünschten und erwarteten
Verhaltens (Tipp 8). Wenn wir einen klaren Leitfaden vorge-
ben, der genau darüber informiert, was wir von unseren
Schülern erwarten, steigt die Chance, dass er befolgt wird.
Auch zum Nachdenken über Fehlverhalten (Tipp 62) kann
verlockt werden.

Klaren Leitfaden vorgeben
❱ Tipp 8

❱ Tipp 62

Gleich mal ausprobieren

Beim nächsten Schullandheimbesuch kann eine Schulland-
heimolympiade gute Dienste tun. Es werden Punkte gesammelt für gemachte Betten, aufgeräumte Zimmer, pünktli-
ches Erscheinen zu den Mahlzeiten, Erledigung der
Kochdienste, Abspüldienste, Tischdeckdienste oder was Ihnen sonst passend erscheint. Am Ende des Aufenthalts werden die Leistungen honoriert, z. B. mit einer Urkunde oder
einem Preis. Diese Würdigung kann auch am Tag nach dem
Schullandheimaufenthalt in der Schule geschehen – mit einer feierlichen Übergabe und dem gemeinsamen Anschau-
en der entstandenen Erinnerungsfotos oder sogar -filme.

Feiertage unterschiedlicher Kulturen wertschätzen

75

In Deutschland orientieren sich zahlreiche Feiertage wie
Weihnachten, Ostern, Pfingsten am christlichen Kalender.
Die Adventszeit wird gestaltet mit Musik, Gebäck oder Ad-
ventskalendern und -geschichten, in jüngeren Klassen kommt
noch der Nikolaus, Osternester werden gebastelt oder Eier
angemalt, um die vertrauten Rituale zu pflegen.

Neben den christlichen Festen gibt es eine Reihe von Feiertagen, die in anderen Glaubensrichtungen und Kulturen eine große Bedeutung haben. Wieso sollten ausgerechnet die Kinder, die nicht in der christlichen Tradition erzogen worden sind, hintanstehen? Wir müssen uns also informieren, wie es in genau dieser Klasse aussieht, die wir gerade unterrichten, z. B. indem wir die Datenblätter genau lesen oder indem wir eine kleine Umfrage machen.

Wenn wir selbst uns ein bisschen schlau machen möchten, können wir uns im Internet (Stichwort: Kalender der Kulturen) informieren und den entsprechenden Newsletter bestellen.

Wertschätzend ist es schon mal, wenn die Kinder über die Traditionen und Rituale ihrer Familien berichten dürfen und dabei auf Interesse stoßen. Ob und wie wir im Unterricht auf diese Rituale Bezug nehmen und welchen Raum sie bekommen, müssen wir selbst entscheiden. Auf jeden Fall werden es die Schüler als große Wertschätzung empfinden, dass sie mit ihrem Glauben und den dazu gehörenden Ritualen wahrgenommen werden (Tipp 11).

Um die Ecke gedacht

Die Pflege bzw. das Kennenlernen anderer Kulturen und Religionen fördert die Allgemeinbildung aller Schüler und reduziert möglicherweise auch Vorurteile, die aufgrund von Unwissenheit vorhanden sind. Im besten Falle weckt es sogar die Neugier, so dass jemand mehr über eine andere Kultur/Religion erfahren möchte.

Gleich mal ausprobieren

Spannen Sie Ihre Schüler ein! Lassen Sie kulturelle Besonderheiten im Rahmen von Präsentationen in den passenden Unterrichtsfächern vorstellen (Ethik, Deutsch)!

76

Ob es ein einzelner Schüler ist, dessen Verhalten wir negativ bewerten, oder ob sich unser Unwillen auf die ganze Klasse bezieht: Es ist für beide Seiten ein Gewinn, wenn a) keine Willkür herrscht, sondern klar ist, was nun passiert, und b) dies in wertschätzender Weise stattfindet.

Keine Willkür walten lassen

Sprich: Wenn ich dem Schüler freundlich sage, dass ich sein Verhalten nicht akzeptieren kann und er deswegen einen bestimmten Text zur Beruhigung und zur Reflexion ab-schreiben muss, dann ist es durchaus möglich, dass dieser Text nicht in vorwurfsvollem Ton, sondern humorvoll und wertschätzend gehalten ist.

Und wenn die ganze Klasse mich auf die Palme bringt, ist es nicht zielführend, wenn ich aus dem Bauch heraus mit Wut, Vorwurf, Geschrei reagiere.

Wobei Ärger sehr wohl spürbar sein darf, aber eben ohne Abwertungen. Mimik, Gestik und Tonfall sollen authentisch sein. Dies ist wichtig für die Orientierung und auch für Lern-prozesse: Auf unerwünschtes Verhalten folgt eine ärgerliche, unangenehme Reaktion der Lehrkraft. Im besten Falle wird dieses Verhalten dann nicht mehr gezeigt.

Möglich ist es auch, einen Reflexionsbogen im Klassensatz zur Hand zu haben und die Klasse immer wieder zu Experten zu machen: Was hält jeder Einzelne für die Ursache der Miss-stimmung bzw. des Fehlverhaltens? So machen wir klar, dass wir das negative Verhalten sehen und nicht einfach hinneh-men, aber wir geben den Schülern auch die Möglichkeit, ihr Wissen und ihre Erfahrungen einzubringen. Wenn es gut geht, können wir alle daraus lernen.

Reflexionsbogen für die Klasse einsetzen

Gleich mal ausprobieren

Legen Sie sich einen Reflexionsbogen zu, in dem Fragen ste-hen wie „Was läuft in DEINEN Augen zurzeit nicht gut in der Klasse?", „Hast du eine Vermutung, warum es so schlecht läuft?", „Wie fühlst DU dich zurzeit in der Klasse?"

> Kopieren Sie diesen Bogen im Klassensatz! Und warten Sie darauf, dass Sie ihn endlich einsetzen können! ;-) So können Sie sich ein kleines bisschen auf das nächste Fehlverhalten freuen. Sie sind ja gewappnet.

Für ein wertschätzendes Schulprogramm sorgen

77

Was man sich gar nicht oft genug vor Augen halten kann: Jeder einzelne Schüler, jede Lehrerin, die Schulleitung, die Sekretärin/nen, der Hausmeister und alle Personen, die in der Schule beschäftigt sind, leisten in jedem Moment ihren höchst persönlichen Beitrag für ein wertschätzendes Schulleben. Und dafür bietet wirklich jede Begegnung Gelegenheit! Nötig sind dafür nur die entsprechende innere Einstellung und die Bereitschaft, daran bewusst mitzuwirken.

Was man im Kollegium tun kann

Was man im Kollegium und prinzipiell unter den Erwachsenen tun kann:

> **Tipp 29**

- freundlicher Umgang miteinander (Tipp 29),
- Austausch von Schulmaterial, Ideenkisten,
- Psychohygiene durch Austausch, Beratung, Fallgespräche,
- „Abnehmen" von schwierigen Schülern für eine bestimmte Unterrichtsstunde oder von solchen Schülern, die nicht an einem Unterrichtsgang teilnehmen können, auch mal für einen ganzen Schultag,
- Flexibilität und Unterstützung in besonderen Situationen, z. B.
  - vertretende Kollegen durch Material unterstützen,
  - benötigten Raum überlassen/tauschen,
  - Pausenaufsicht für gesundheitlich angeschlagenen Kollegen übernehmen.

Was man in der Klasse tun kann

Was man im Klassenzimmer tun kann:

> **Tipp 9**

- den Schülern ein Vorbild sein (Tipp 9),

- am Verhalten der Schüler arbeiten durch Lob (Tipp 1) und positive Verstärkung (Tipp 53), Belohnungen
- Bindungsangebote (Tipp 34) im Sinne von „Ich sehe dich als Person, ich schätze deinen Wert, ich nehme dich wahr", was einer grundsätzlich wertschätzenden Einstellung entspricht.

❯ Tipp 1
❯ Tipp 53
❯ Tipp 34

Was man im Schulleben (Tipp 64) tun kann:
- bei der Organisation und Durchführung von Schulaktivitäten mitwirken und Verantwortung übernehmen,
- Verantwortung übernehmen für bestimmte Bereiche/ Räume, die gemeinsam genutzt werden (Schülerbücherei, Schulküche, Streitschlichter, Mülldienste, Arbeitsgemeinschaften).

❯ Tipp 64
Was man im Schulleben
tun kann

Achtung!

Das Besondere am Schulprogramm ist, dass alle auf einer Linie sind. Das ist nicht immer leicht. Man kann sich auch mal wertschätzend daran erinnern.

SCHÜLERN DAS GEFÜHL VERMITTELN, WERTVOLL ZU SEIN

78

Um Schülern das Gefühl zu vermitteln, wertvoll zu sein, sollte alles sichtbar gemacht werden, was sie leisten oder tun. *Was* kann sichtbar gemacht werden?
- Ein wichtiges Amt an der Schule wurde übernommen, z. B. Schülermitverwaltung, Schülersprecher, Streitschlichter.
- Ein schönes Projekt mit einer Klasse wurde durchgeführt.
- Ein interessanter Ausflug bzw. Unterrichtsgang wurde erlebt.
- Ein sportliches Ereignis fand statt, z. B. ein Fußballturnier innerhalb der Schule oder mit einer anderen Schule, bei dem ein Pokal oder eine Urkunde gewonnen wurde.
- Im Kunst- oder Werkunterricht wurden tolle Bilder oder Gegenstände angefertigt.

Was sichtbar machen?

Wie können diese Erfolge sichtbar gemacht werden?

- Im Klassenzimmer einen bestimmten Platz dafür vorsehen: an der Wand Bilder aufhängen oder auf der Fensterbank, einem Regal usw. eine Fläche zum Aufstellen von Gegenständen vorsehen,
- einen Artikel in der Schülerzeitung oder auf der Schulhomepage dazu veröffentlichen,
- im Schulhaus einen bestimmten Platz nutzen, z. B. hergestellte Gegenstände in einem Glasschrank für alle sichtbar ausstellen,
- im Schulhaus bestimmte Flurwände o. Ä. nutzen, um z. B. Fotos oder Bilder aufzuhängen, eventuell eine ganze Ausstellung organisieren.

Um die Ecke gedacht

Wir sollten die „Schätze" unserer Schüler schützen, damit sie nicht versehentlich, z. B. beim stürmischen Gang in die Pause, herunterfallen oder anderweitig beschädigt werden können. Auch dieser Schutz der Werke gehört zu einem wertschätzenden Umgang!

EIN POSITIVES SCHULPROFIL SICHTBAR MACHEN

79

❯ Tipp 63
❯ Tipp 64

Gutes grundsätzlich sichtbar machen

Wenn es an Ihrer Schule erfolgreiche und sinnvolle Einrichtungen gibt, sollten sie auch sichtbar gemacht werden. Gibt es an Ihrer Schule z. B. (Tipp 63 und 64)

- eine Schulverfassung?
- ein gemeinsames Schulziel?
- gemeinsame Schulaktivitäten oder klassenübergreifende Arbeitsgemeinschaften (AG Backen, AG Imkerei, AG Schulgarten)?
- Lesepatenschaften?
- Teilnahme an Hilfsaktionen (z. B. Weihnachtspakete für Kinder in Not)?

Alle haben viel Arbeit investiert und etwas Tolles auf die Beine gestellt. Es tut gut, daran erinnert zu werden, und verursacht ein berechtigtes Gefühl von Stolz.

Gleich mal ausprobieren

Gibt es bereits ein „Schwarzes Brett" in Ihrer Schule oder eine Wand für „Aktuelles"? Falls nein, hören Sie sich im Kollegium um, wer daran Interesse hätte und auch bereit wäre, sich bei der Umsetzung/Einrichtung und Pflege einer solchen Wand einzubringen! (Tipp 77)

> Tipp 77

MÖGLICHKEITEN FÜR ALLE SCHÜLER SCHAFFEN

80

Alle Schüler sollten sich selbst als wertvoll erleben. Leicht geht dies bei denen, die gute Leistungen bringen, für die sie wiederum mit guten Noten, positiven Bemerkungen und netten Worten honoriert werden.

Auch die Schüler, die zwar kognitiv nicht so brillieren, aber sportlich oder handwerklich leistungsfähig sind, erleben das Gefühl, etwas wert zu sein.

Weder kognitiv noch sportlich noch handwerklich geschickt

Aber es gibt eben auch Schüler, die in keinem der klassischen Schulfächer gut zurechtkommen. Dafür sind sie vielleicht gute Zuhörer, rührende Opa-Betreuer, zuverlässige Kleine-Schwester-Sitter oder bringen sich anderweitig positiv in ihrer Umgebung ein.

Deshalb ist es wichtig, dass den Schülern die Möglichkeit geboten wird, neben den klassischen Schulfächern auch in Arbeitsgemeinschaften (AGs) und in (sozialen) Projekten tätig zu werden – je nach Neigung und Können. Besonders in den höheren Klassen gibt es immer wieder Schüler, die „schulmüde" sind, die sich aber in praktischen Tätigkeiten motiviert und engagiert einbringen und dort brillieren können!

Neigung und Können ausschöpfen

Um die Ecke gedacht

Wenn die Rede auf Schüler kommt, die in keinem der Unterrichtsfächer etwas zustande bringen, macht sich immer leicht eine „Der-ist-fürs-Leben-verloren-Stimmung" breit. Dies ist fatal. Erstens sind Menschen nicht nur auf der Welt, um sich nützlich zu machen. Und zweitens kann man jetzt noch gar nicht wissen, wohin sich der junge Mensch entwickeln wird. Vielleicht wird er ein wunderbarer Vater, der auf seine höchst persönliche Art seinen Kindern eine Menge Lebenstüchtigkeit mitgibt.

PATENSYSTEME INSTALLIEREN

81

Ältere kümmern sich um Jüngere

Wenn ältere Schüler sich um jüngere kümmern, zeigen sie sich oft von einer ganz anderen Seite als gewohnt. Plötzlich sind sie es, die überlegen sind und anderen etwas erklären können. So profitieren immer alle drei Seiten von Patensystemen: die Kleinen, weil sie Fürsorge und Hilfe erfahren, die Großen, weil sie sich als nützlich erleben, die Lehrkräfte, weil sie Unterstützung erfahren.

Manchmal passt es auch wunderbar, wenn ein schwieriger älterer Schüler sich zeitweise um einen jüngeren, ebenfalls schwierigen Schüler kümmert, wenn er sozusagen sein Pate wird. Auch hier entsteht eine Win-Win-Win-Situation: Es profitieren beide Schüler und die Lehrkraft.

Vor allem ist der ältere Schüler vermutlich eher in der Lage, sich in den jüngeren hineinzuversetzen als die Lehrkraft, so dass er den Kleinen besser als alle wohlwollenden Erwachsenen erreicht. Dies ruft bei ihm wiederum ein Gefühl des Erfolgs hervor: Er hat sich nun als wertvoll erlebt.

Gleich mal ausprobieren

Haben Sie in der Klasse ein Kind, das Hilfe brauchen könnte? Dann sprechen Sie doch mit den Kollegen aus den höheren Klassen. Vielleicht ergibt sich eine wunderbare Passung.

82

Wenn Schüler bestimmte Aktionen selbst motivierend finden, gestalten sie diese Ereignisse meist mit Freude mit. Dies können z. B. sein:

- Schulpartys,
- Pausenaktionen,
- Wohltätigkeitsveranstaltungen,
- witzige Theaterstücke.

Wenn die Rahmenbedingungen klar vorgegeben sind, erleichtert man den Schülern das regelkonforme Verhalten, da sie genau wissen, was von ihnen erwartet wird.

Rahmenbedingungen klar vorgegeben

Eine positive Verstärkung kann schon die Aktion an sich sein. Aber auch um ein bestimmtes Verhalten anzubahnen und dann gezielt zu verstärken, können Ereignisse geplant und durchgeführt werden, bei denen der Fokus auf das zu erlernende Verhalten gelegt wird (Tipp 59).

❯ Tipp 59

Um die Ecke gedacht

> Natürlich kann es auch sein, dass gerade diese besonderen Aktionen, mit denen wir unseren Schülern eine Freude machen wollen, für besondere Aufregung sorgen, die die Selbststeuerung erschwert. Hier kann gezielte und kleinschrittige Verstärkung Wunder wirken! (Tipp 53)

❯ Tipp 53

SCHÜLER INTERKULTURALITÄT POSITIV ERLEBEN LASSEN

83

Zur Verstärkung eignen sich auch Veranstaltungen mit multikulturellem Hintergrund. Alle Schüler der Klasse können sich hier angesprochen fühlen. Solche sportlichen, sprachlichen oder festlichen Gelegenheiten können z. B. sein:

- ein schulisches Fußballturnier (nicht nur, aber auch zur Zeit einer Europa- oder Weltmeisterschaft),
- eine Schulolympiade,
- ein interkulturelles Fest der ganzen Schule.

Interkulturalität können Sie in der Schule sichtbar machen, z. B. durch Begrüßungen in verschiedenen Sprachen an einer Wand in der Aula, die idealerweise durch die Schüler angefertigt wurden.

Gleich mal ausprobieren

Führen Sie das Sommerschulfest unter einem interkulturellen Motto mit interkulturellen Speisen, Spielen, Informationstafeln oder anderen Attraktionen durch (Tipp 75)!

❯ Tipp 75

Um die Ecke gedacht

Im Rahmen des Unterrichts, z. B. in Mathematik, können Sie wunderbar eine Erhebung der Interkulturalität innerhalb Ihrer Klasse oder sogar Schule durchführen, indem Sie die Schüler hierzu Befragungen durchführen lassen. Vielleicht ergibt sich aus der Auswertung eine Idee für eine besondere interkulturelle Veranstaltung.

SCHÜLERINITIATIVE WERTSCHÄTZEN UND POSITIV VERSTÄRKEN

84

Schlüsselqualifikationen für das spätere Leben

Was ist das langfristige Ziel, auf das wir mit unseren Schülern hinarbeiten? Wir möchten sie mit einem Paket von Fähigkeiten ausstatten, damit sie später im Berufsleben ihren Platz im Leben finden. Durch Praktika schnuppern sie ins Berufsleben und sie erhalten eine Berufsberatung. Am Ende der Schulzeit erreichen sie im besten Falle einen erfolgreichen Schulabschluss mit einem guten Abschlusszeugnis, in dem zusätzlich lobende Bemerkungen über ihre Kompetenzen vermerkt sind. Auf Letzteres legen viele Arbeitgeber besonderen Wert.

Und welche Anforderungen stellt das Arbeitsleben dann an unsere Schüler?

Auf jeden Fall gehört Eigeninitiative dazu. Sie fängt schon im Kleinen und Alltäglichen an, z. B. damit, das Arbeitsmaterial selbstständig in Ordnung zu halten. Ist der Kleber leer? Wünschenswert ist hier eigenständiges Verhalten, indem selbst für Ersatz gesorgt wird, anstatt auf die Aufforderung der Lehrkraft zu warten.

Fertig mit der gestellten Aufgabe? Sich selbstständig um eine sinnvolle Anschlusstätigkeit zu bemühen, wäre wunderbar! Dies könnte z. B. die Bearbeitung einer weiteren Aufgabe sein oder – im Sinne eines Tutorensystems – Ausschau zu halten, ob ein anderer Schüler Hilfe benötigt. Auch eine sinnvolle, durch die Lehrkraft anerkannte Stillbeschäftigung ist möglich.

Als Schüsselqualifikation fürs Berufsleben ist Eigeninitiative dringend erwünscht. Welcher Chef hat schon Lust, seinen Azubi jedes Mal aufs Neue darauf hinzuweisen, dass dieser den Boden kehren könnte, anstatt in der Ecke zu stehen und auf den nächsten Auftrag zu warten?!

In der Schule herrscht jedoch leider oft eine passive Konsumhaltung der Schüler vor: Der Lehrer wird uns schon sagen, was wir zu tun haben! Stimmt ja oft auch. Aber es ist doch eine große Freude, wenn Schüler mitdenken, z. B. den Tisch mit dem in der folgenden Stunde benötigten Arbeitsmaterial ausstatten. Oder wenn sie einbringen, dass es zur aktuellen Klassenlektüre einen passenden Film gibt. Vielleicht bietet es sich sogar an, diesen dann als Belohnung anzuschauen. Mitdenken und die Initiative ergreifen: Dieses Verhalten kann gefördert werden – nicht nur in der Klasse, sondern an der ganzen Schule. Wie? Indem man den Schülern zuhört und ihre Vorschläge ernst nimmt, so oft es möglich ist und soweit es der schulische Rahmen zulässt.

Eigeninitiative dringend erwünscht

Das Mitdenken und Initiativsein fördern

Gleich mal ausprobieren

Im Klassenrat bieten sich verschiedene Möglichkeiten, die Schüler die Initiative ergreifen zu lassen, indem sie ihre eigenen Themen einbringen und die Moderation und Protokollführung des Klassenrates übernehmen.

85

Eigenlob stinkt nicht

Gelegenheiten zum Selbst-Loben nutzen

Eigenlob stinkt! So hat man uns das eingebläut. Dabei müssen wir uns manchmal selbst loben. Weil es kein anderer tun wird. Warum? Weil kein anderer dabei war.

Sie haben auf eine hochexplosive Stimmung in der Klasse mit Deeskalation reagiert und waren erfolgreich?! Warten Sie nicht darauf, dass die Schüler Ihnen einen Orden spenden (Hätten Sie früher einen gespendet?) oder dass ein Hellseher alles mitbekommen hat! Nein, Sie haben es verdient, dass SIE sich selbst loben.

- Ja, ich habe das mit dem Konflikt gut gehandhabt!
- Ja, ich habe dem etwas begriffsstutzigen Mädchen die Mathe-Regel gut erklären können!
- Wunderbar, ich habe verhindert, dass Kollegin X und Kollege Y sich wegen Schüler Z an die Gurgel gehen!

Menschen, die sich ständig selbst belohnen, indem sie sich ungesundes Zeug einverleiben oder sich teure Vergnügungen gönnen, werden damit wohl nicht dauerhaft glücklich. Aber wenn Sie wirklich etwas Gutes geleistet haben, belohnen Sie sich doch mit einem Sauna-, Kino- oder Restaurantbesuch, ohne auch nur einen Hauch von schlechtem Gewissen zu empfinden! Die Wertschätzung, die Sie sich selbst angedeihen lassen, steht Ihnen zu – und kommt Ihren Schülern zugute, wenn Sie sie das nächste Mal sehen. Denn Sie haben aufgetankt! Aus eigenen Stücken! Ohne von der Wertschätzung anderer abhängig zu sein.

Gleich mal ausprobieren

Nehmen Sie sich bitte in aller Ernsthaftigkeit vor: Ich werde in den nächsten Tagen geradezu darauf lauern, mich selbst loben zu dürfen – und es dann auch tun.

Nutzen Sie die nächste sich bietende Gelegenheit und tun Sie sich selbst etwas Gutes! Und wenn es nur das laute Aufdrehen der Lieblingsmusik im Autoradio oder ein kleiner Spaziergang in den Flussauen ist.

86

Wir Menschen neigen dazu, das Gute als selbstverständlich hinzunehmen und unter dem Schlechten zu leiden. Ähnlich verhalten wir uns oft auch den Eltern unserer Schüler gegenüber: Wir melden uns nur bei ihnen, wenn es etwas zu bemängeln gibt. Positives Verhalten nehmen wir als selbstverständlich hin.

Gutes nicht als selbstverständlich hinnehmen

Was zur Folge hat, dass die Eltern uns als Überbringer von Hiobsbotschaften empfinden. Und wer bekommt schon gerne solche negativen Botschaften?

Lehrer sollen keine Überbringer von Hiobsbotschaften sein

Es lohnt sich also, bewusst nach Gelegenheiten Ausschau zu halten, bei denen man den Eltern positiv gegenübertreten kann, weil ihr Kind …

- sich so friedfertig und sozial ausgleichend benommen hat,
- besonderen Einsatz gezeigt hat,
- einem Konflikt aus dem Wege gegangen ist,
- einem anderen oder der Lehrkraft freiwillig geholfen hat.

Solche positiven Kontaktaufnahmen verfehlen selten ihr Ziel, denn Eltern – auch solche, die wenig ambitioniert wirken – empfinden es als Wohltat, wenn sie Gutes über ihr Kind hören und sind in Folge zugänglicher – auch für negative Botschaften.

Achtung!

Positiv gegenübertreten: ja! Aber die Tatsachen verfälschen: nein! Mit Letzterem ist niemandem gedient. Und es ist gewissermaßen respektlos, dem Schüler und seinen Eltern gegenüber nicht aufrichtig zu sein. Wenn etwas besonders Negatives vorgefallen ist, muss dies auch ausgesprochen werden. Allerdings ohne Häme und Abfälligkeit, aber klar und ehrlich.

87

DIE ELTERN LOBEN

Eltern werden selten gelobt

Lob konkret aussprechen

Wenn Sie selbst Eltern sind, wissen Sie es: Eltern werden in der Blütezeit ihrer Elternschaft eher selten gelobt. Viel häufiger werden sie kritisiert, angemault, angefleht, nicht beachtet.

Den Eltern Ihrer Schüler geht es nicht anders. Selbst wenn sie es nicht zugeben: Sie lechzen nach Lobeinheiten.

Teilen Sie ihnen deshalb mit, wenn Sie finden, dass …

- ihr Kind gut erzogen ist,
- ihr Kind etwas ganz Besonderes ist,
- sie als Eltern eine positive Entwicklung angestoßen haben,
- sie als Eltern nach dem letzten Elterngespräch die gemeinsam vereinbarten Ziele gut erreicht haben,
- der Kuchen fürs große Schulbüffet klasse geschmeckt hat,
- Sie das Engagement im Elternbeirat sehr zu schätzen wissen.

Um die Ecke gedacht

Wenn es genau umgekehrt kommt und die Eltern etwas in Ihren Augen gar nicht Lobenswertes getan haben, sprechen Sie es unbedingt sensibel und feinfühlig an! Bemängelungen – gerade von Lehrerseite – können tief gehen und einer künftigen konstruktiven Zusammenarbeit im Wege stehen.

88

AUCH NEGATIVES DEN ELTERN WERTSCHÄTZEND VERMITTELN

Persönliche Empörung bei Fehlern zurückhalten

Viele Menschen und leider auch viele Lehrer meinen, sie dürften auf keinen Fall wertschätzend auftreten, wenn etwas schwer danebengegangen ist.

Trifft Letzteres auf Eltern zu, schleudern sie denen gerne mal ihre ganze Empörung entgegen.

- Schon wieder zugelassen, dass das Kind zu spät in die Schule kommt?

- Schon wieder nicht dafür gesorgt, dass das Kind seine Hausaufgaben und Materialien komplett dabei hatte?
- Zugelassen, dass es im Schulranzen des Sprösslings wie Kraut und Rüben aussieht?
- Den Elternbrief/Geldbetrag nicht mitgegeben?

Ja, auch in solchen Fällen kann man wertschätzend auftreten! Und man sollte es tun. Warum? Weil man so die Tür für eine Möglichkeit zur Besserung weiterhin offenhält. Und das ist unsere Aufgabe – stets auf Möglichkeiten zur Besserung hinarbeiten – im Sinne unserer Schüler.

Wertschätzend auftreten, damit die Tür offen bleibt

Achtung!

Natürlich kann es passieren, dass Eltern die Wertschätzung durch die Lehrkraft in den falschen Hals bekommen. Der Lehrer war doch ganz nett. Dann kann das nicht so schlimm gemeint gewesen sein. Dann können wir im Prinzip auch so weitermachen wie bisher. Nein, das sollte nicht passieren! Trotz Wertschätzung muss Klarheit herrschen, was in Zukunft anders werden muss.

ELTERN AUF STÄRKEN IN DEN „SCHWÄCHEN" IHRER KINDER HINWEISEN

89

Wenn das Kind in die Schule kommt, haben Eltern meist – von Verwandten, Bekannten, im Kindergarten – schon erfahren, was an ihm nicht in Ordnung ist. Spätestens in der Schule aber bekommen sie zu hören, ihr Kind sei *zu* laut oder *zu* leise, *zu* lebhaft oder *zu* schüchtern, *zu* unkonzentriert, *zu* faul, *zu* langsam … Der *Zu*-Zuschreibungen gibt es viele! Manchmal sind auch die Eltern selbst davon überzeugt, ihr Kind sei *zu* …

Das Kind ist nicht zu … für etwas

Und nun kommt die Chance für uns Lehrer: Wir müssen nicht in das Mainstream-Horn stoßen. Wir können die Eltern sehr wohl darauf hinweisen, dass in fast jeder vermeintlichen Schwäche auch eine Stärke liegt. Der Ruhige hat mehr

Andere Sichtweise üben

Innenleben, der Lebendige hat einen großen Unterhaltungs-
wert, der Langsame macht seine Sache gründlich, der Un-
konzentrierte hat viel im Kopf ...

Diese andere Sichtweise kann dazu beitragen, dass es den
Eltern besser geht und dass sie ihren Kindern anders gegenübertreten. Ganz abgesehen davon, dass uns Lehrern selbst
die andere Sichtweise auch gut tut.

Gleich mal ausprobieren

Freuen Sie sich auf die nächste Gelegenheit, bei der Sie über
einen Schüler zunächst denken: „Der ist einfach *zu* ...!" Denn
nun können Sie selbst die andere Sichtweise üben: Welche
positiven Aspekte stecken in genau diesem „Fehlverhalten"?
Welche Vorteile könnte dieser junge Mensch im Freundes-
kreis oder im späteren Leben durch genau diese Wesensart
haben? Mit dieser neuen Sichtweise treten Sie an den Schüler und bei nächster Gelegenheit an seine Eltern heran! Sie
werden sehen, dass es gut tut.

GELEGENHEITEN NUTZEN, UM KOLLEGEN BEWUSST WERTZUSCHÄTZEN

90

In der Schule geht es meist hektisch zu. Gespräche zwischen
Tür und Angel sind die Regel. Gereiztheit macht sich schnel-
ler breit, als uns lieb ist.

Und dazwischen immer wir mit all unseren tollen Vorhaben
und all den nicht ganz so gelungenen Umsetzungen, mit
schwierigen Schülern und neuen Lehrplänen! Da kann man
schon mal vergessen, einem Kollegen zu sagen,

- dass er sein Klassenzimmer außergewöhnlich gut gestaltet hat,
- dass seine Arbeitsblätter super strukturiert sind,
- dass er mit seiner Ruhe und Ausgeglichenheit ein Segen
  für diese schwierige Klasse ist,
- dass wir besonders gerne in seiner Klasse unterrichten,

- dass uns sein Pullover sehr gut gefällt,
- dass er das Auto wunderbar platzsparend geparkt hat.

Ja, man kann es vergessen, aber man sollte es nicht! Denn kleine positive Rückmeldungen sind oft die Würze im Alltag, die seinen manchmal so faden Geschmack wieder erträglich macht. (Tipp 29)

Positive Rückmeldungen würzen den Alltag

❯ Tipp 29

Um die Ecke gedacht

Kleines Gedankenexperiment – und bitte ehrlich sein: Wie fühlen Sie sich, wenn Ihnen ein Kollege etwas Nettes sagt? Eben! Dem Kollegen geht es nicht anders. Ein gutes Gefühl macht sich in ihm breit.

Achtung!

Inflation vermeiden! Wenn Sie jedem Kollegen dauernd Nettes sagen, nutzt sich das ab und keiner nimmt es mehr ernst.

WERTSCHÄTZUNG GEGENÜBER KOLLEGEN AUF PASSENDE WEISE ZEIGEN

91

Manche sprechen die Wertschätzung gerne aus, andere zeigen sie lieber ohne gesprochene Worte.
Je nach Temperament und Wesensart können wir unseren Kollegen auch mal ein Zettelchen ins Fach legen, auf dem etwas Nettes steht, oder eine witzige Karte überreichen. Selbstverständlich kann es auch mal eine Süßigkeit als Nervennahrung sein.
Wertvolle Geschenke sind dagegen eher unangebracht, denn sie setzen unter Druck.

Gleich mal aus probieren

Achten Sie bewusst in nächster Zeit darauf, ob Ihnen ein Kollege einen Gefallen getan hat. Falls ja, danken Sie ihm sehr bewusst oder legen Sie ihm ein Zettelchen ins Fach, auf dem steht: „Danke, dass du mir bei … so nett geholfen hast!"

Achtung!

Wenn Sie selbst gerne schenken, bedenken Sie bitte, dass dies nicht alle mögen. Kollegen könnten sich leicht unter Druck fühlen, selbst nun auch schenken zu müssen, ohne dass sie dies wirklich wollen.

ANSCHNAUZEN VON KOLLEGEN VERMEIDEN

92

Abwerten, um Gutes zu erreichen, funktioniert nicht

Anschnauzen hat negative Emotionen zur Folge

Für manche Lehrer ist es zur Selbstverständlichkeit geworden: andere anzuschnauzen. Vermutlich verwenden sie diesen abwertenden und maßregelnden Tonfall, weil sie meinen, man müsste so reden, um etwas Gutes zu erreichen. Vielleicht auch, weil sie in ihren Augen bei ihren Schülern damit etwas erreichen. Die Frage ist allerdings, wie nachhaltig dies im Positiven wirkt, sprich: wie nachhaltig das Anschnauzen die Folge hat, die der Anschnauzende erreichen möchte.

Wie nachhaltig das Anschnauzen im negativen Sinne wirkt, ist leichter zu beantworten: Es hält!

Egal, in welcher Stimmung wir uns gerade befinden, egal, in welcher Gereiztheit wir das Klassenzimmer verlassen haben, egal, wie dringend wir einem Kollegen etwas einbläuen wollen – Anschnauzen geht nicht! Es steht niemandem im Kollegium zu, den anderen klein zu machen. Selbst dann nicht, wenn der etwas vergessen, verlegt oder einen echten Fehler gemacht hat. Denn wer angeschnauzt wird, muss sich mit negativen Emotionen herumschlagen, ohne dass diese etwas zum Guten bewirken.

Um die Ecke gedacht

Wenn Sie Gefahr laufen, zum Anschnauzer zu werden, denken Sie daran, wie Sie selbst darauf reagieren, wenn Sie auf diese Weise angeredet werden oder wie sich wohl Ihr Partner, Ihre Kinder, Neffen, Enkelkinder fühlen würden, wenn sie in diesem Ton angesprochen werden würden.

DEN SCHÜLERN EIN VORBILD SEIN

93

Auch wenn uns nicht danach ist: Wir sollten prinzipiell mit anderen Menschen wertschätzend umgehen, ganz besonders aber in der Schule. Warum? Weil wir hier Vorbilder sind. Wir haben es mit jungen Menschen zu tun, die – ohne dass es ihnen bewusst ist – am Modell lernen. Wenn wir ihnen vorleben, dass man mit Kollegen geringschätzig umgeht oder dass man die Sekretärin anschnauzt, dann sind wir Vorbilder im Schlechten. Wenn wir es umgekehrt handhaben, können sich unsere Schüler etwas bei uns abgucken: dass man nett sein kann, auch wenn gerade Stress herrscht, dass ein wertschätzendes Wort gegenüber anderen Menschen keine Schwäche ist, dass es sich gehört, allen Menschen, denen man begegnet, Respekt entgegenzubringen.

Am Modell lernen

Keine Vorbilder im Schlechten sein

Respekt entgegenbringen

Gleich mal ausprobieren

Wir müssen es uns ja nicht anmerken lassen, dass wir uns ein wenig inszenieren: Aber wenn sich die Gelegenheit bietet, vor Publikum (also den Schülern) eine wertschätzende Äußerung zu tun, dann sollten wir uns die nicht entgehen lassen. Deshalb: möglichst bald die Gelegenheit nutzen!

94 SICH MIT KOLLEGEN, DIE EINEM GUT TUN, GEMEINSAM BELOHNEN

Das gibt es ja fast überall – Menschen, die einem gut tun, und Menschen, bei denen das Gegenteil der Fall ist. Bestes Indiz für Letzteres: Wir fühlen uns nach dem Kontakt mit ihnen schlechter als vor dem Kontakt. Wenn wir das erkannt haben, können wir geflissentlich versuchen, ihnen aus dem Weg zu gehen.

Menschen suchen, die uns gut tun

Für Erstere aber gilt: Sie sind die Lichtgestalten im Kollegium. Sie helfen uns, die tiefen beruflichen Täler zu durchschreiten. Sie sind so wertvoll, dass wir sie das auch spüren lassen sollten. Und mit ihnen sollten wir das Leben auch zu genießen versuchen.

Ob wir dies tun, indem wir uns für den Abend mit ihnen verabreden oder noch kurz nach der Schule mit ihnen plaudern oder es uns in einem heiteren WhatsApp-Kontakt mit ihnen gut gehen lassen, ist nicht wichtig. Wichtig aber ist,

Gemeinsamkeit pflegen

dass wir die Gemeinsamkeit mit ihnen pflegen und ihnen und uns selbst dabei Gutes tun.

Um die Ecke gedacht

Auch andersrum wird ein Schuh draus: Den Kollegen, die uns eindeutig nicht gut tun, sollten wir zwar nicht schaden, aber wir selber sollten uns schützen. Das Gift, das sie spritzen, ist höchst wirksam. Und so sollten wir alles tun, um uns von ihnen fernzuhalten und um die Wirkung ihres abwertenden Verhaltens nicht immer und immer wieder aushalten zu müssen.

95 GELEGENHEITEN NUTZEN, DIE SCHULLEITUNG ZU LOBEN

Mit Chefs ist das so eine Sache. Sie sind ein Stückchen weg von uns, sie sind ein bisschen über uns, sie dürfen uns sagen, was wir nicht so gut gemacht haben, sie dürfen uns Weisungen geben ... Man könnte die Liste fortsetzen. Einen Punkt aber darf man auf keinen Fall vernachlässigen: Die Chefs dieser Welt üben ihre Vorgesetztenposition nicht gleich gut aus. Und dies gilt auch für den Chef-Spezialfall der „Schulleitung". Was bedeutet, dass wir uns manchmal auch gehörig ärgern über unsere Schulleitung, dass wir uns gekränkt fühlen, dass wir denken, das könnten wir besser. Auch hier lässt sich die Reihe fortsetzen.

Schulleitungen dürfen uns tadeln, das hat Kränkungen zur Folge

Aufgrund der Position gehen wir oft davon aus, dass ein Chef über allem steht und durch und durch souverän ist. Dabei steckt in jeder Schulleitung ein Mensch, dem Rückmeldung gut tut, um sich zu verorten, zu orientieren und sich geschätzt/bestätigt zu fühlen.

Den Mensch in der Schulleitung sehen

Wenn Sie das Glück haben, mit einer sehr guten Schulleitung gesegnet zu sein, finden Sie bestimmt oft die Gelegenheit zu einem wertschätzenden Wort. Wenn es anders ist, eher nicht. Aber dann lohnt es sich, die Schulleitung „beim Guten" zu erwischen. Nicht, weil wir uns einschmeicheln wollen, sondern weil wir damit ein Signal geben: Diese Entscheidung stößt auf unser Wohlwollen! Und dass wir damit auch noch ein gutes Gefühl bei der Schulleitung auslösen, ist ja auch nicht verkehrt.

Beim Guten erwischen

Was auf keinen Fall heißen soll, dass wir zu Duckmäusern werden, die sich alles gefallen lassen!

Achtung!

Wer sich von seiner Schulleitung ungerecht behandelt fühlt, wer sich öfter gekränkt gefühlt hat, neigt dazu, die Schulleitung nur noch in schlechtem Licht zu sehen. Das ist verständlich, aber nicht professionell. Vermutlich gibt es immer wieder mal etwas, was unsere Schulleitung richtig gut gemacht hat. Und genau das sollten wir sehen! Der defizitorientierte Blick ist weder konstruktiv noch glücksspendend.

96

Nicht bestechen!

Kostenfreie Möglichkeiten gibt es viele

Dass wir Lehrer uns nicht bestechen lassen dürfen, ist klar. Dass wir unsere Vorgesetzten nicht bestechen dürfen, ebenso. Materiell wertvolle Geschenke sind also schon mal ein No-Go.

Bleiben die materiell weniger wertvollen Gaben, die signalisieren sollen: „Ich habe mich bemüht, Ihnen eine kleine Freude zu machen." Aber selbst die müssen nicht sein.

Es gibt einige absolut kostenfreie Möglichkeiten, um der eigenen Schulleitung gegenüber Wertschätzung zu zeigen:

- ein freundlicher Gruß,
- eine Frage nach dem Befinden,
- ein ehrliches Lob,
- die Bereitschaft, eine kleine Aufgabe zu übernehmen, ohne daraus eine Heldentat zu machen,
- im persönlichen Gespräch das benennen, was wir gerade gut an unserer Schulleitung finden,
- im persönlichen Gespräch wertschätzend das benennen, was wir gerade nicht gut an unserer Schulleitung finden,
- die für alle anderen spürbare Entschlossenheit zeigen, nicht „hintenherum" über die Schulleitung zu lästern,
- auf einer Lehrerkonferenz auch mal das Wort pro Schulleitung erheben, wenn dies unserer ehrlichen Überzeugung entspricht.

Um die Ecke gedacht

Könnten Sie sich vorstellen, auch mal in der Schulleitung zu arbeiten?! Ja?! Dann überlegen Sie kurz, welches Verhalten Sie sich von Ihren Mitarbeitern wünschen würden und was Sie ganz arg stören würde.

Weitere Personen in der Schule bewusst wertschätzen

97

Auch wenn wir es im Eifer des Gefechts manchmal vergessen: In der Schule gibt es noch andere Menschen als Lehrer und Schüler: die Damen und Herren im Sekretariat, den Hausmeister, die Reinigungskräfte ... Und diese Menschen lechzen genauso wie wir danach, wahrgenommen, beachtet und geachtet zu werden.

Nicht nur Lehrer und Schüler sehen

Ob es um einen aufmerksamen Blick, einen freundlichen Gruß oder um die Frage nach dem Befinden geht – es ist eine Form von Wertschätzung, die auch uns selbst gut tut. Darüber hinaus lohnt es sich, nach Anlässen Ausschau zu halten, die eine lobende Erwähnung rechtfertigen. Wer genau hinschaut, entdeckt jede Menge solcher Gelegenheiten. Und dann: nicht nur denken, sondern aussprechen!

Lob auch aussprechen!

Um die Ecke gedacht

Außer den genannten Personen trifft man im Schulhaus auch auf die Frau von der Drogenhilfe, die eine bestimmte Klasse sucht, den Mann, der sich für den vakanten Posten der Reinigungskraft vorstellt, den Handwerker, der Außenarbeiten verrichtet und gerade dringend auf die Toilette muss. Wenn wir uns in ihre Situation versetzen, spüren wir sehr schnell, wie gut es tut, mit Wertschätzung von den Lehrern der fremden Schule behandelt zu werden.

Die passende Form der Wertschätzung wählen

98

Wie überall gilt auch hier: Die Sache muss passen. Es ist weder zielführend noch nötig, den Hausmeister dauernd mit einer Flasche Wein, die Sekretärin mit Blumen und die Reinigungskraft mit Pralinen zu verwöhnen. Überhaupt ist das mit den materiellen Dingen so eine Sache. Man weiß erstens nicht, was dem- oder derjenigen Freude macht, und zweitens tritt man schnell mit anderen in einen Wettbewerb.

Deshalb folgen hier Empfehlungen für Wertschätzung der ideellen Art, die immer passt:

- ein freundlicher, aufmerksamer Gruß,
- eine ehrlich gemeinte Frage nach dem Befinden,
- eine ehrlich gemeinte Frage nach dem Hobby, wenn es sich ergibt,
- ein Bezug zu einem Thema, das man schon mal gemeinsam beackert hat,
- ein Lob für etwas gut Geleistetes,
- Mitgefühl (nicht Mitleid!) angesichts widriger Umstände,
- Angebot von Unterstützung, wenn nötig und möglich,
- ein kleiner Scherz, der nicht auf Kosten von jemandem geht,
- eine kleine witzige Story über ein selbst erlebtes Missgeschick.

Gleich mal ausprobieren

Nehmen Sie sich konkret vor, am nächsten Schultag entweder im Sekretariat oder dem Hausmeister oder einer der Reinigungskräfte gegenüber einen ganz bestimmten Punkt aus der Liste in die Tat umzusetzen!

BELEIDIGTE REAKTIONEN VERMEIDEN

99

Die Neigung zum Beleidigt-Sein ist nicht zielführend

Wenn uns genau das passiert ist, was wir uns nicht wünschen – nämlich dass wir von Schülern, von der Schulleitung, von Kollegen oder anderen Personen aus dem Schulleben in unseren Augen ungerecht behandelt worden sind, dann neigen wir dazu, beleidigt zu sein. Der soll das jetzt spüren! Die lasse ich das merken, dass sie so nicht mit mir umspringen kann!

Verständlich, aber nicht professionell und nicht zielführend! Besser ist es, reinen Herzens auf den Tisch zu packen, wie wir die Sache sehen, und dann ohne Groll im Herzen weiterhin zusammenzuarbeiten. Dies ist auch im Sinne der Psychohygiene wertvoll.

Wir müssen unsere Schüler, unsere Schulleitung, unsere Kollegen und die anderen Mitmenschen in unserem Schulleben nicht lieben. Aber beleidigtes Verhalten ist unreif und erinnert immer ein bisschen an das Kindergartenalter: „Jetzt bist du nicht mehr mein Freund! Ich spiel nicht mehr mit dir!"

Da wir Lehrer in erster Linie dafür bezahlt werden, gute Arbeit an unseren Schülern zu leisten, dürfen wir uns nicht durch persönliche Empfindlichkeiten von der großen Linie abbringen lassen. Wer beleidigt ist, konzentriert sich viel zu sehr auf dieses Gefühl, als dass er gut und gelassen arbeiten könnte.

Wir wollen gute Arbeit an den Schülern leisten

Deshalb: Nichts persönlich nehmen! Reife zeigen!

Achtung!

Wenn Sie mit Ihrer Schulleitung oder mit einem bestimmten Kollegen auch nach mehreren Versuchen keinerlei wertschätzende Basis für eine konstruktive Zusammenarbeit finden, sollten Sie überlegen, ob Sie sich nicht lieber versetzen lassen. Wenn keine Wertschätzung da ist, kann man sie auch nicht herbeizaubern. Und ohne Wertschätzung arbeiten zu müssen, tut nicht gut!

REGISTER

Die Zahlen beziehen sich auf die jeweiligen Tipp-Nummern, unter denen Sie etwas zu den Stichwörtern finden.

LITERATURHINWEISE

Bauer, Joachim (2013): Das Gedächtnis des Körpers: Wie Beziehungen und Lebensstile unsere Gene steuern, Piper: München

Bergsson, Marita/Luckfiel, Heide (1998): Lehrerbücherei Grundschule: Umgang mit schwierigen Kindern: Auffälliges Verhalten – Förderpläne – Handlungskonzepte, Cornelsen: Berlin

Birkenbihl, Vera: verschiedene Titel über Kommunikation, alle erschienen bei mvg: München, sowie der Blog unter ihrem Namen

Brisch, Karl Heinz/Hellbrügge, Theodor (Hrsg.) (2015): Bindung, Angst und Aggression: Theorie, Therapie und Prävention, Klett-Cotta: Stuttgart

Brosche, Heidemarie (2017): Wie Wertschätzung in der Schule Wunder wirkt: „Lobduschen, Likes und Liebesbriefe" bewusst im Schulalltag einsetzen, Cornelsen: Berlin

Brosche, Heidemarie (2017): Mein Kind ist genau richtig, wie es ist: Das Ermutigungsbuch für Eltern, Kösel: München

Fritsch, Susanne (2007): Lawrence Kohlberg – Das Stufenmodell des moralischen Urteilens, GRIN: München

Geissler, Erich (2006): Die Erziehung: Ihre Bedeutung, ihre Grundlagen und ihre Mittel. Ein Lehrbuch, Ergon: Würzburg

Klevernagel, Uli (2018): Der Kalender der Kulturen. Xyzettgraphix: Köln

Myschker, Norbert/Stein, Roland (2014): Verhaltensstörungen bei Kindern und Jugendlichen: Erscheinungsformen – Ursachen – Hilfreiche Maßnahmen, Kohlhammer: Stuttgart

Rosenberg, Marshall B. (2004): Konflikte lösen durch Gewaltfreie Kommunikation, Herder: Freiburg i. B.

Rost, Detlef H./Sparfeldt Jörn, R. (2010): Handwörterbuch Pädagogische Psychologie, Beltz: Weinheim, Basel

Stewart, Ian/Joines, Vann (2000): Die Transaktionsanalyse. Eine Einführung, Herder: Freiburg i. B.

Tausch, Reinhard/Tausch, Anne-Marie (1998): Erziehungspsychologie, Hogrefe: Göttingen

Weidner, Margit: Sozialziele-Katalog, Eigenverlag Dr. Wolfgang Weidner: Igensdorf-Pettensiedel